飾る・贈る・装う
花を結ぶ水引細工

田中杏奈

淡交社

はじめに

　四季の花細工の本をつくろうとなったときに、最初に思い浮かんだのは、花が大好きだった祖母のことと、故郷の海沿いの通学路にたくさん咲いていた野花のことでした。シロツメクサやハルジオンを摘みながら帰ったり、ツツジの蜜を吸ったり、野山で野イチゴやアケビを食べたり。海と山に囲まれた淡路島の故郷は、すぐ近くに大きな自然がありました。

　島を出て通った大学のキャンパスには、ヴォーリズ建築を背景に、目を見張るような美しい桜並木があり、結婚して引っ越した家の隣には、秋の始まりを教えてくれる金木犀が植わっていて、息子が通う小学校の通学路には多色の花が咲く枝変わりの大きな椿の木がありました。

　その時節になるとふと漂ってくる香りや、いつもの道に咲く四季の花は、日々忙しなく暮らす私たちに季節の移ろいを教えてくれ、心を潤し、思わず立ち止まる豊かなひとときを与えてくれます。そして、美しい花を見つけると、大切な誰かに教えてあげたくなって、一緒に眺めたり、贈りたくなります。

　花の造形美は驚くほど緻密で深く、人がたどり着けない自然の美があります。本書では、それぞれの花の造形の中で、私が心惹かれた部分を、水引デザインに丁寧に落とし込みながら作っていきました。尊い日々を彩る枯れない一輪、季節を辿る水引細工を愉しんでいただけますと幸いです。

　　　　　　　　　　　　　　　　　田中杏奈

もくじ

季節を結ぶ　春 4／夏 6／秋 7／冬 8

日々を結ぶ　気持ちを贈る 10／華やぐ食卓 13／部屋を彩る 14／装いに添えて 15

水引の基礎知識 16

基本となる結び 21　結びと技法のさくいん 31／基本の結びで作るお花 32

花の水引細工

	photo	How to make
桜	4,10	34
ミモザ	5,15	36
カスミソウ	12	37
木蓮	5	38
ラナンキュラス	4,11	40
カモミール	4,11,12	43
ハルジオン		45
カーネーション	4	46
カラー	5,12	48
アンスリウム		49
紫陽花	6,12	50
桔梗	6	53
ツツジ		55
向日葵	6,15	56
笹	6,10	58
金木犀	7,13	60
彼岸花	7	62
吾亦紅	7,12	64
ドングリ	14	65
イチョウ	7,10	66
松	8,14	68
アネモネ	9,14	70
菊	15	73
千両	9,13	74
ヤドリギ		75
椿	8,15	76
梅	9,10	78

アイテムにアレンジ

	photo	How to make
祝儀袋・ぽち袋	10	80
ラッピング	11	83
ブーケ	12	83
カード	12	84
箸飾り	13	84
カーテンタッセル	14	86
ブローチ	15	86
髪飾り	15	87
帯留め	15	87

column

あわび結びの由来と「のし」 23

残った短い水引を使って 45

菊芯技法でできる表現 47

水引と和紙で作る七夕飾り 59

色づく葉と木の実 65

自分の中の色の記憶で、季節の水引を選ぶ 67

梅・桃・桜の違いを知って結ぶ 79

[季節を結ぶ]

カーネーション
How to make — p.46

ラナンキュラス
How to make — p.40

カモミール
How to make — p.43

桜　How to make　p.34

春

ようやく暖かくなった、彼の日の花信風(かしんふう)。揺れる花たちから届く便りに春の訪れを感じます。彩り豊かなラナンキュラス、凛として洗練されたカラー。優しい色と香りが心を弾ませます。

カラー How to make → p.48

ミモザ How to make → p.36

木蓮 How to make → p.38

夏

紫陽花の葉に光る翠雨を眺める6月、星合いの宵に笹が揺れる7月。青と白のコントラストに輝く8月の大輪・向日葵は、ずっと変わらない風物詩。

笹
How to make
p.58

紫陽花 How to make → p.50

桔梗
How to make → p.53

向日葵
How to make
→ p.56

秋

甘く切ない金木犀の香りに始まる秋。高い空に映える野山の錦は、まるで絵画のよう。このままずっと時を止めていたくなる、そんな季節。

彼岸花
How to make
→ p.62

金木犀　How to make → p.60

イチョウ
How to make
→ p.66

吾亦紅（われもこう）
How to make
→ p.64

冬 厳しい寒さの中、力強く生命力に満ちた冬の花たち。
日本文化を最も身近に感じるこの季節、赤・白・緑の
色彩が和の心を呼び起こします。

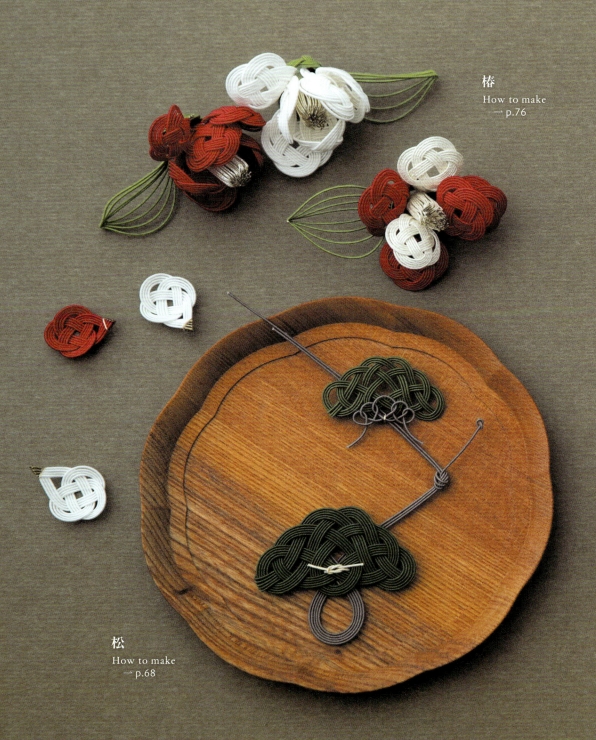

椿
How to make
→ p.76

松
How to make
→ p.68

梅
How to make
→ p.78

アネモネ
How to make
→ p.70

千両
How to make
→ p.74

日々を結ぶ
気持ちを贈る

祝儀袋・ぽち袋
How to make — p.80

祝儀袋には未晒しの楮紙を、ぽち袋には日本の里山の色をイメージして作られた洋紙をセレクト。贈る季節に合わせたモチーフで愉しんでみて。

ラッピング How to make — p.83

包みにそっと添えるだけで、小さく素朴な野花やつぼみも主役に。喜ぶ顔を思い浮かべながら、手すき紙で包み、水引を結んだ、あたたかいこだわりのギフトです。

ブーケ
How to make — p.83

色数が豊かでどんな色の花も作れてしまう水引。あえて同じ色を集めてブーケにすると、モダンで洗練されたアレンジに。

カード
How to make — p.84

大切な方への言葉の贈りものには、季節に合わせた水引細工を添えて。

華やぐ食卓

箸置き

基本の結びや、いつも脇役になる結びたちを少し散らすだけで、ぱっと食卓が華やぎます。

箸飾り
How to make — p.84

ハレの日もケの日も、気軽に取り入れられる水引細工は、生活の中に季節と文化の香りを添えてくれます。

部屋を彩る

インテリアフレーム

枯れることのない一輪を、お気に入りの額におさめて、四季を辿るインテリアアイテムに。

カーテンタッセル
How to make → p.86

コロンと小さなモチーフを通して結ぶだけ。丈夫な水引は、暮らしの中で使える道具としても活躍します。

装いに添えて

ブローチ
How to make → p.86

季節の花を身に付けて出かけると、足取り軽やかで心も上天気。

髪飾り
How to make → p.87

和装、洋装どちらにも。日本らしくこっくり艶やかな椿を装身具にお仕立て。

帯留め
How to make → p.87

細やかな菊のモチーフ。大きさや色は、お持ちの帯や着物に合わせてアレンジ自在。

水引の基礎知識

水引とは

　水引は、紙をこより状に細く丸めたもの（原紙ひも）に水糊を引き（塗り）、上から糸やフィルムなどを巻きつけてできた、ひも状のものです。おもに、結納品や祝儀袋の飾りなどに用いられ、水引が結ばれていることで贈りものが未開封であることを示します。また、贈る人と受け取る人を強く結ぶ意味を持っています。

　結び方にも意味があります。「蝶結び」は何度あってもいい事柄、出産祝、成長や人生のお祝いに関わること、お中元、お歳暮、陣中見舞いなどに用いられます。一方、「結び切り」は、一度限りが望ましいもの、婚礼、弔事や凶事、病気や災害見舞などに用いられるものです。

＊「あわび結び」（p.22）は、結び切りに分類されますが、北陸や関西など一部の地域では、何度あってもよい祝いごとにも使われます。結びの用途は、地域や宗教によって異なることがあります。

色の持つ意味と本数

　水引の色や数は、中国の哲理「陰陽五行」がベースになっています。白は清らかで尊い色とされており、慶事には「赤白」「金銀」、弔事には「黒白」「黄白」などが使われ、白に近い色が左になるように結びます。これは、左右では左が陽であることや、日本古来の左上位の考えからきています。本数は奇数が陽、偶数が陰であることから、基本は「五行」の5本、簡略したものが3本、格式の高いものは7本。婚礼は5の倍数の10本を用います。

慶事	銀金	最も格が高く結納、婚礼、長寿祝いなどの慶事に。
	白赤	赤には魔除けの意味が込められ、慶事全般に使用。

弔事	白黒	一般的な弔事に使用。黒銀、双銀のことも。
	白黄	京都を中心とした関西地方や北陸地方の一部の弔事で使用。

水引の長さ

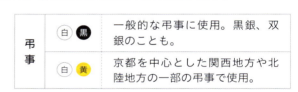

　水引の1本の長さは約90cmで、これは尺貫法の3尺に相当します。各作品の「使う水引」の欄には、45cmや30cmなどの長さの記載があります。半分、3等分と覚えておくと便利です。

　水引は「1本」や「1筋」と数えるものですが、本書では「本」を採用し、結び方を紹介しています。

● 本書を楽しむために知っておきたい用語

タレ … 結びの途中の、水引が垂れている部分のこと。基本的に、左側のタレをA、右側をBとし、どちらのタレを通しているかわかるようにしています。

○本取 … 2本の水引を使うことを「2本取」、5本の水引を使うことを「5本取」といいます。数が増えるほど、難易度が上がります。

ワイヤー … 数種類のワイヤーを使い分けていますが（p.18・20参照）、特に色や太さの記載のないものは、銀色の「裸ワイヤー#28」を使用しています。

水引の素材

和紙を芯にして職人が全工程を担っていた水引。現在は海外から輸入したパルプがおもな原料となり、国内で紙芯加工をしてから産地やメーカーで仕上げの着色、さまざまな飾り糸、フィルムを巻いています。50種類以上ある国内の水引の中から一般的な水引と、本書でよく使う水引を紹介します。

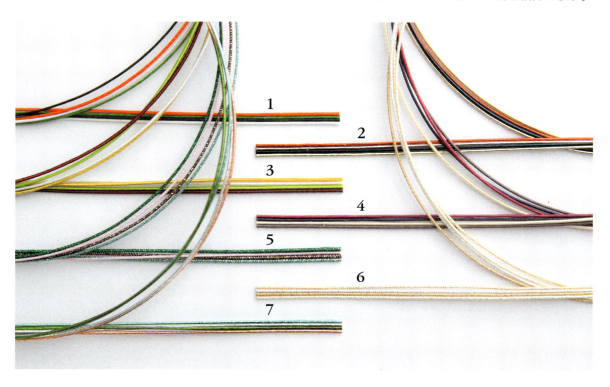

1. 色水引

原紙ひもに直接色を塗った水引。おもに金封の赤白で使われ、安価だが表面の着色が割れやすく折れやすいため、細工には不向き。

3. 絹巻水引

原紙ひもにレーヨン等のさまざまな糸を巻きつけた水引。マットな発色が特徴。

5. 羽衣水引

原紙ひもを直接染め、細いパールフィルムや細い金紙などを渦巻き状に巻きつけた水引。ラメを散りばめたように、表面がキラキラと光る。

7. 純銀水引

原紙ひもに特殊な箔を蒸着した水引。ピカピカとした上品な光沢があり、金銀のカラーが豊富。特光水引と似ているが、丈夫なので細工にも使用できる。

2. 特光水引（パテントカラー）

原紙ひもに蒸着フィルムを巻きつけた水引。表面がピカピカと光っているのが特徴で、おもに金封の金銀で使われ、細工には不向き。

4. 花水引

絹巻水引と同様にレーヨン等を巻きつけた水引で、もっとも色数が多い。本書で一番多く使用し、絹巻水引よりニュアンスカラーが豊富で、繊細なカラーが特徴。

6. プラチナ水引

白または色のついた原紙ひもに、細いフィルムをランダムに巻いた水引。プラチナのように美しく優しいきらめきが特徴。

〚 基本の道具 〛

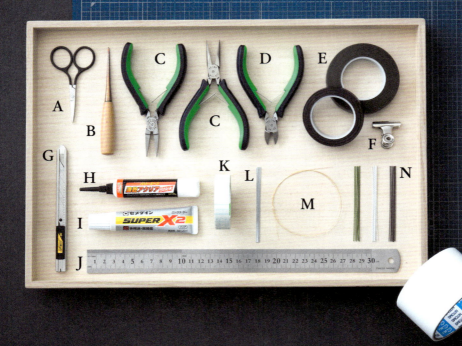

A. はさみ
水引を切るときなどに使う。先端が細いペーパークラフト用やスクラップブック用がおすすめ。

B. 目打ち
水引をしごいたり、通しやすく穴を広げたりするときに使う。

C. 平ヤットコ（平口ヤットコ）
ワイヤーを留めたり、ひねったりする工具。溝がなく先が細いもの、または平らなもの。

D. ニッパー
各種ワイヤーをカットする工具。

E. フローラルテープ
引っ張ると粘着力が出る造花用のテープ。茎用の緑と枝用の茶の2種。

F. 目玉クリップ
花のパーツを組み立てるときや複雑な結びを作るときにあると便利。

G. カッター
菊芯の台紙やラッピングペーパーなどの紙を切るときに。

H. 木工用接着剤
水引同士や水引と紙を接着するときに使う。

I. 多用途接着剤
アイテムにアレンジするときに水引作品と金具の接着に使う。

J. 定規
水引や紙をカットするときに長さを測る。

K. 両面テープ
作品を組み立てるときに使う。

L. 裸ワイヤー
見えない位置で作品を固定するときに使う銀色のワイヤー。太さは#28。

M. 金ワイヤー
見える位置で作品を固定するときに使う金色のワイヤー。太さは0.3mm。

N. 地巻きワイヤー
緑や茶などの色紙が巻かれたワイヤー。使う位置や用途で色や太さを使い分ける。

O. 養生テープ
水引バンドを作るときに仮止めし、接着剤を塗るために使う。

P. カッターマット
紙をカットするときや、水引に接着剤を塗るときに使う。

水引の扱い方

水引は、急に曲線をつけると折れてしまい、一度くせがつくと真っ直ぐには戻りません。正しい扱い方を学んで、美しく結びましょう。

しごく

開封直後の硬い状態の水引を目打ちや指でしごき、やわらかくします。

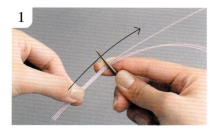

目打ちまたは親指の腹を水引に当ててしごく。指で行うときは摩擦熱でやけどしないように気をつける。

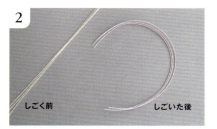

しごくことで、水引に自然な丸みがつきやわらかくなるため、結びやすく折れにくくなる。

結びをそろえる

複数本で結ぶときは、水引の並び順が入れ替わらないように気をつけながら、平らにそろうよう意識します。

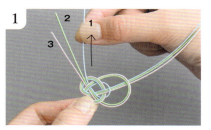

結びの形を整えそろえていくときは、いちばん内側の水引から順に引いていく。

中央の2本目を引いたところ。

外側の3本目を引いたところ。

途中で水引の並びが交差したり、重なってしまったりしないように気をつける。

端をそろえる

水引の先端は、はさみでカットしたり、あわび結び(p.22)の5のようにそろえてから通します。バラバラのままだと通しにくく、結びが乱れてしまいます。

先端の長さがバラバラしてきたら、そろえてカットする。

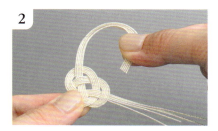

水引の順番が変わらないように、しっかりと指で押さえながら通す。

ワイヤーで留める

本書の作品では、さまざまなワイヤーを使って水引を固定する場面が出てきます。ワイヤー留めは、手ではなく平ヤットコを使い、結びや交差点のきわで隙間なく巻くようにします。

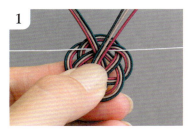

1 ワイヤー留めする部分の背面（梅結びの場合は結びのうら側、タレの交差点と結びの間）にワイヤーを差し込む。

2 ワイヤー留めする箇所（タレの交差点）のきわを親指でしっかり押さえながら、右側のワイヤーをタレの交差点に巻きつける。

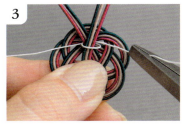

3 巻きつけたところ。このとき左右をしっかり引き、ワイヤーを引き締める。

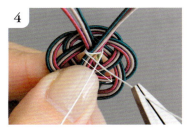

4 左からくるワイヤーが上になるよう、左右のワイヤーを交差させ、根元に三角形をつくる。

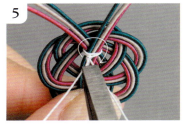

5 ワイヤーの交差点を平ヤットコで挟み、4の三角形の隙間を埋めるよう根元まで時計回りにねじる（1〜2回転）。

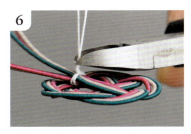

6 根元から1〜2mmのねじったところで、ニッパーでカットする。

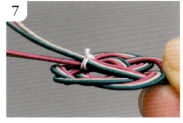

7 ねじったワイヤーをカットしたところ。

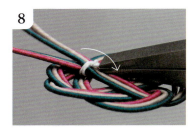

8 ワイヤーの切り口を平ヤットコで倒す。

9 8を平ヤットコで挟んでつぶし、なじませる。

point
ワイヤーの使い分け

本書で通常使用しているのは、銀色の「裸ワイヤー#28」です。ワイヤーは、#30→#28→#26→#24→#22と数字が小さくなるほど太くなり、紙が巻かれた地巻きワイヤーも同様。#22や#24は茎に使うことが多く、花の種類や強度調整で太さを使い分けています。

基本となる結び

 一つ結び　　輪に一度通すだけの、とても身近な結びです。
◆見本で使用している水引の長さ：30cm × 1本

1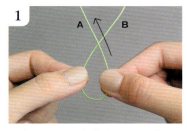

Aを上にして交差させ、しずく形を作る。

2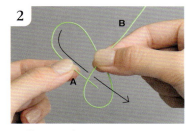

しずく形の中にAをうしろから通す。

3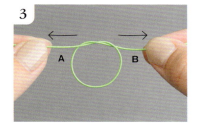

タレをそれぞれ左右に引く。

 真結び　　一度結ぶとほどけにくいため、一度きりのお祝い事に使う「結び切り」と呼ばれる結びの一種。帯締めや風呂敷の結びにも使われています。別名「本結び」。◆見本で使用している水引の長さ：30cm × 2本

1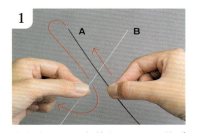

Aを上にして交差させ、一つ結びを結ぶ。

2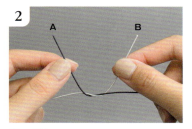

結んだところ。

3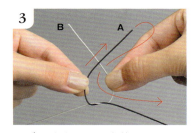

再びAを上にして交差させ、一つ結びを結ぶ。

4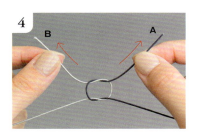

A、Bをそれぞれ左右に引く。

あわび結び

水引のもっとも基本の結びで、「結び切り」の一種。長寿の象徴である貝の「鮑」の形を模したことから、あわび結びと名付けられました。別名「あわじ結び」。◆見本で使用している水引の長さ：30cm × 3本

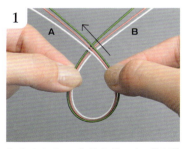

1 Aを上にして交差させ、しずく形を作る。

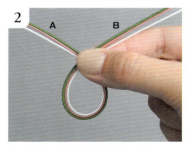

2 しずく形の交差点を右手で持つ。

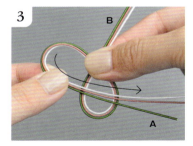

3 左手でAをしずく形の上に重ねる。

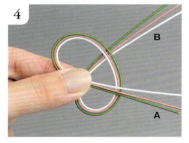

4 Aとしずく形の交差点を左手で持つ。

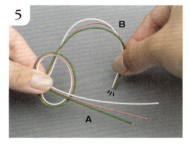

5 机などを使ってBの先端をそろえる。

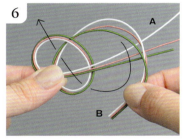

6 BをAの上に重ねてから、下→上→下→上の順に通す。

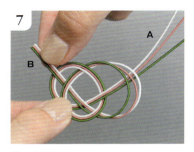

7 通したところ。

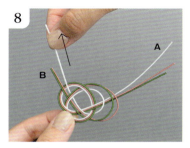

8 Bを内側の水引から順番に引き、右側の輪の丸みの並び方を整える。

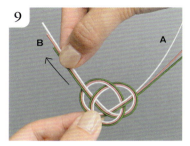

9 右側の丸みが整ったところ。左右の丸みが対称になるよう大きさを整える。

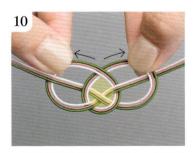

10 上部それぞれを左右に引き、しずく形を小さくする。

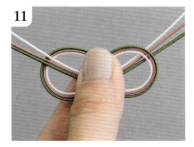

11 小さくなったしずく形の上部の交差点を左手で押さえる。

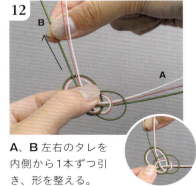

12 A、B 左右のタレを内側から1本ずつ引き、形を整える。

指をはずした状態

column
あわび結びの由来と「のし」

　「あわび結び」は、貴重で縁起のよい鮑を模した結びとしてできたもの。日本は古来、干して薄くのばした鮑を和紙に包んで儀礼や大切な贈りものに添えていた文化があり、現代ではのし紙や金封ののしとして残っています。

　水引には贈答品に封をし、そのものを守り清める意味合いがあります。また、紙の素材であることからほどけにくく、引けば引くほどに強く固く結ばれるという結びの形から「一度きりのハレのお祝い」に用いられることが多いのがあわび結びです。

　本書ののしは、伝統の折り方を踏襲しながら紙選びや、のしあわびの部分をモダンにアレンジしたものです。ハレの包みの一番大切なルール、「右側が上になるように」を守りながら、さまざまなのしや折りのデザインを楽しんでみてください。

23

縦連続あわび結び〈順手〉

「あわび結び」を縦につなげた結びです。
● 見本で使用している水引の長さ：45cm × 3本

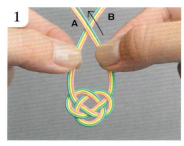

1　あわび結び(p.22)を結び、Aを上にして交差させ、しずく形を作る。

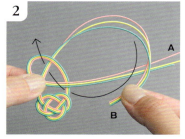

2　あわび結び3～7の要領でBをAの上に重ねてから、下→上→下→上の順に通す。

 縦連続あわび結び〈逆手〉

順手の「あわび結び」の交差点の上下をすべて逆にする「逆手あわび結び」を交互につなげた結びです。
● 見本で使用している水引の長さ：45cm × 3本

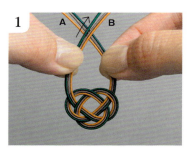

1　あわび結び(p.22)を結び、順手とは逆にBを上にして交差させ、しずく形を作る。

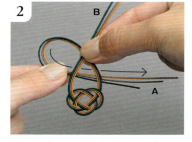

2　しずく形の交差点を右手で持ち、左手でAをしずく形の下に重ねる。

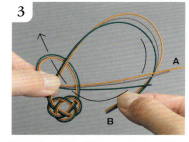

3　BをAの下に重ねてから上→下→上→下の順に通す。

point
縦連続あわび結びの違い

写真の左が順手→逆手→順手、右が順手→順手→順手に結んだ縦連続あわび結び。順手を重ねると、写真右のように結びが自然と立体的にねじれていきます。一方、順手と逆手を交互に結ぶと写真左のように平面的になり、真っ直ぐ縦に伸びていきます。立体か平面か、仕上げたい形に合わせて結びを使い分けます。

梅結び

「あわび結び」の応用です。5枚の花びらで、梅に見立てて結んでいます。

◆ 見本で使用している水引の長さ：30cm × 3本

1 あわび結び (p.22) を結ぶ。

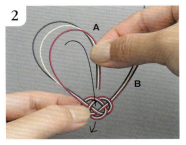

2 中央の穴の中へ、Aを上から入れる。

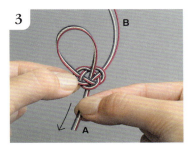

3 結びのうら面に沿わせながら左斜め下へ向けて通し、4枚目の花びらを作る。

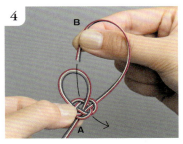

4 3で作った4枚目の花びらの中へ、Bを上から入れ、結びのうら面に沿わせながら右斜め下へ向けて通す。

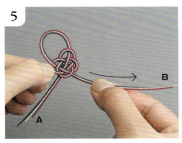

5 そのままBを引き、先に5枚目の花びらを小さくする。

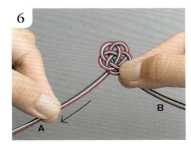

6 最後にAを引き、4枚目の花びらを引き締める。

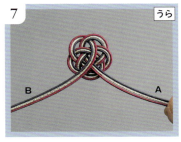

7 写真の位置で交差するように、A、Bのタレを整える。

8 ワイヤーで留め、写真の位置で余分な水引をカットする。

自立型梅結び

「あわび結び」の応用。ワイヤーを使わず結べる、うらおもてのない梅結びです。
◆ 見本で使用している水引の長さ：45cm × 3本

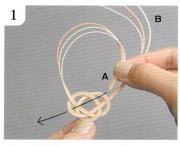

1 あわび結び(p.22)を結び、**A**で結びの中央の穴を分断するような軌道を作り、写真の位置に上から通して4枚目の花びらを作る。

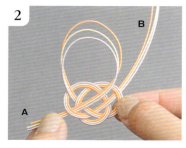

2 通したところ。

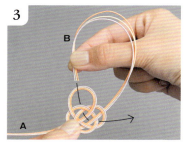

3 **B**を上→下→上→下→上の順に通して5枚目の花びらを作る。

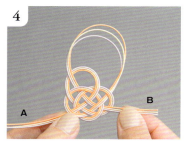

4 通したところ。

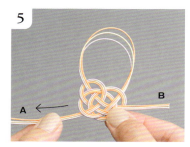

5 まず**A**を内側から引いて結びのねじれをそろえ、4枚目の花びらの丸みを引き締める。

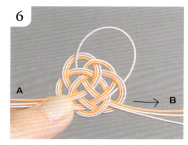

6 次に**B**を引き、5枚目の花びらの丸みを引き締める。

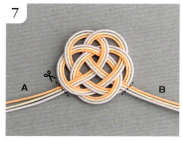

7 形が整ったら、結びのきわでタレをカットする。

8 上下をひっくり返したところ。左右対称の形になると美しく仕上がる。

花結び（かけ結び）

「立体の梅結び」と呼ばれることもある、1本の水引で作る可憐な結び。2〜4の引っかけていく工程を「かけ結び」といい、本書では多くの作品で使用しています。◆見本で使用している水引の長さ：30cm × 1本

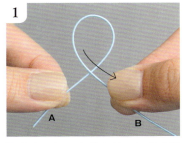

1 Bを上にして交差させ、しずく形を作る。

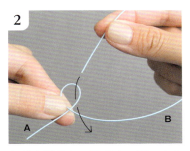

2 しずく形の中へBを上→下→上の順に通す。

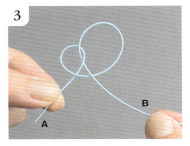

3 通したところ。これをくり返して花びらを増やしていく。

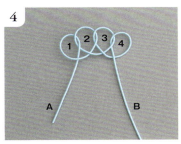

4 2〜3をくり返して4枚の花びらができたところ。ここまでが「かけ結び」。

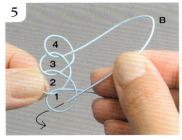

5 結びを反時計に90度回転させ、Bを1枚目の花びらの中へ上から通す。

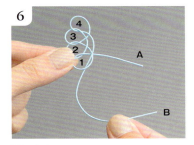

6 通したところ。

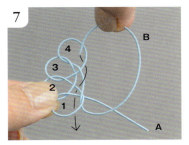

7 続けてBを4枚目の花びらの中へ上から通し、さらに中央の穴へ上から通して1枚目の花びらのうしろから引く。

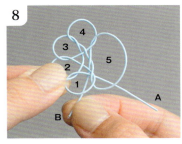

8 通したところ。

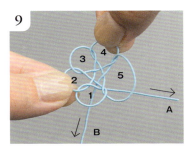

9 A、Bを引きながら、5枚の花びらの大きさが均一になるように形を整える。

玉結び

「あわび結び」の応用。あわび玉（あわじ玉）とも呼ばれる、立体の結びです。

◆ 見本で使用している水引の長さ：45cm × 1本

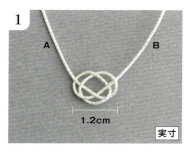

1 あわび結び（p.22）を結ぶ。プラチナ水引や花水引等の細い水引の場合は1.2cmほど、絹巻水引等の太い水引は1.4cmほどの大きさが目安。

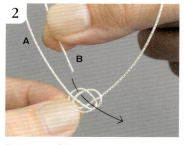

2 BをAの内側に沿わせるように、上→下→上の順に通す。

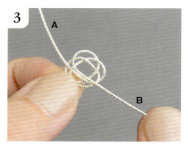

3 通したところ。

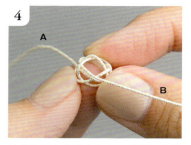

4 結びの下から指を入れ、側面にも指を沿わせながらお椀型にする。

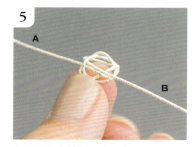

5 立体的なお椀型になったところ。

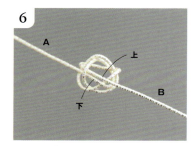

6 指をはずしたところ。タレが出ている根元の部分はBが上、Aが下にある状態になる。

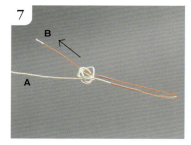

7 ここからA、Bのタレを使って球の側面に水引を通していきながら、隙間のない球にしていく。まずAの軌道に沿って、Bを写真の位置に通す。

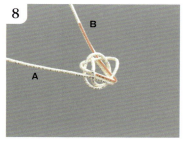

8 1か所通したところ。赤色の部分が7で通した部分。

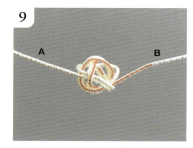

9 続けて、BをAの軌道に沿わせて通していく。

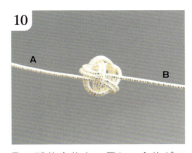

10 Bで球体全体を一周し、全体が二重になり、6の状態に戻ってきたところ。次はAを使ってBとは反対方向へ一周通していく。

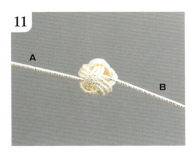

11 Aで球体全体を一周し、6の状態に戻り全体が三重になったところ。

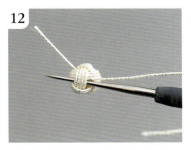

12 最後の3周目はA、Bそれぞれを少しずつ通していく。水引を通しにくいときは、目打ちで通す先の穴を少し広げる。

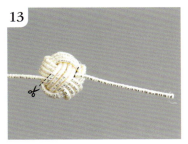

13 3周目が終わり、球体全体がすべて4重になったところ。A、Bのタレはそれぞれきわでカットする。

14 残った水引の切れ端は球の中へ目打ちで押し込む。

水引バンド

水引を複数本並べてバンド状にし、木工用接着剤で固めたもの。本書では茎などでよく使います。

1

水引を隙間なくきれいに並べて、粘着面を上にした養生テープに一気に貼る。

2
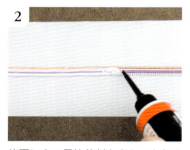

片面に木工用接着剤をまんべんなく塗る。

3
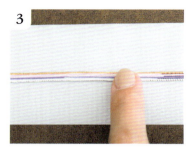

指で薄く伸ばし、水引の溝を埋めるように接着剤を塗るときれいに仕上がる。乾いたら養生テープからはがし、完成。

 ## フローラルテープの巻き方

やわらかく伸縮性に優れ、引っ張ることで粘着力が出ます。少しずつ斜めに巻きつけるのがコツ。

1

色が薄くなるまで引っ張り、粘着力を出す。

2
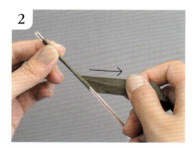

少しずつ引き伸ばしながら、水引に巻きつけていく。

結びと技法のさくいん

本書で紹介している結びや技法は25種類。
該当ページを確認して、練習してみましょう。

一つ結び
p.21

真結び
p.21

あわび結び
p.22

縦連続
あわび結び（順手）
p.24

縦連続
あわび結び（逆手）
p.24

梅結び
p.25

自立型梅結び
p.26

花結び（かけ結び）
p.27

玉結び
p.28

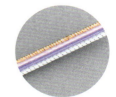
水引バンド
p.30

亀結び
p.38

かごめ結び十五角
p.40

ワイヤーつなぎ
p.43

菊芯技法（扇）
p.46

叶結び（三つ輪）
p.50

葉細工
p.52

かごめ結び十角
p.56

枝巻技法
p.59

もろわな結び
p.60

かたわな結び
p.61

葉結び
p.61

菜の花結び
p.64

松結び
p.68

抱きあわび結び
p.70

菊芯技法（円）
p.72

基本の結びで作るお花

これまでに紹介した「基本となる結び」でお花を作ってみましょう。
はさみと木工用接着剤さえあれば作れるものばかりで、平ヤットコを使ってもOK。
完成したモチーフは、カードやギフトに貼るなど、ぜひ日々の暮らしに取り入れてみてください。

松

タンポポ

バラのつぼみ

梅

月玉星草

勿忘草

マリーゴールド

夏雪草の花びら

松

使う水引

花水引(鶯)
…… 22.5cm × 3本

花水引(胡桃色)
…… 22.5cm × 1本

あわび結び(p.22)に3つ輪のかけ結び(p.27)を重ね、接着する。

タンポポ

使う水引

花水引(鳥の子)
…… 45cm × 1本

花水引(鳥の子)
…… 30cm × 1本

7枚花びらの花結び(p.27)を大きさの違いを出して結ぶ。小さい花びらを少し立ち上げ立体的にし、重ねて接着する。

バラのつぼみ

使う水引

花水引(若苗色)
…… 90cm × 1本

縦連続あわび結び(順手、p.24)を6段結ぶ。片方のタレをカットしたら1段目からクルクルと巻き、残したタレを隙間に差し込む。

梅

使う水引

花水引(梅紫)
…… 30cm × 3本

純銀水引(極)
…… 3cm × 3本

梅結び(p.25)を3本取で結び、花芯用の短い水引を差し込み接着する(梅結びのワイヤー留めは木工用接着剤でもOK)。

白玉星草

使う水引

プラチナ水引
(ピュアホワイト)
…… 45cm × 1本

花水引(鶯)
…… 10cm × 1本

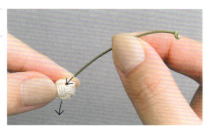

玉結び(p.28)を結び、先端に一つ結び(p.21)を結んだパーツを差し込む。

勿忘草

使う水引

彩水引(孔雀青)
…… 30cm × 1本

5枚花びらの花結び(p.27)を結び、先端をとがらせる。平ヤットコを使っても指でもOK。

マリーゴールド

使う水引

花水引(枇杷色)
…… 45cm × 3本

花水引(枇杷色)
…… 30cm × 2本

3本取と2本取の自立型梅結び(p.26)を結ぶ。花びらを立体的に立ちあげ、重ねて接着する。

夏雪草の花びら

使う水引

プラチナ水引
(ピュアホワイト)
…… 10cm × 1本

2つ輪のかけ結び(p.27)を結び、指や工具で先端をとがらせて、きわでタレをカットする。

＊ここでの「使う水引」は、1つのモチーフを作るのに必要な分量です。

花の水引細工

4〜9ページに登場した、季節を彩る花の結び方を紹介します。
作るときの参考となるように、作品に使用した水引の種類を掲載していますが、
好きな色で結んだり、カラーバリエーションを楽しんだりしてみましょう。
いくつかの作品は、少し手を加えるだけで違う花にする方法を「Change」として紹介しています。

桜 → p.4,10

〈おすすめアレンジ…ぽち袋、箸飾り〉

使う水引		
花びら：花水引（灰桜）		30cm×3本
花芯：プラチナ水引［極細］（ピュアホワイト）		3cm×5本
ガク①：花水引（鶯）		22.5cm×1本
つぼみ：花水引（灰桜）		22.5cm×1本
ガク②：花水引（鶯）		22.5cm×1本

材料・道具　はさみ／目打ち／平ヤットコ／ニッパー／裸ワイヤー／木工用接着剤／金の油性ペン

花を作る

1　「花びら」用の水引で3本取のあわび結び(p.22)をゆったりと結ぶ。

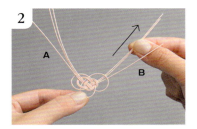

2　A、Bともに外側の1本を残し、内側の2本を締めていく。

3　梅結び(p.25)を結ぶ。写真は5枚目の花びらを作っているところ。

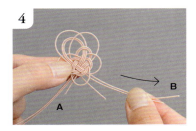

4　Bを通したところ。内側2本を締めていく。

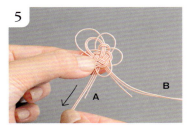

5　Aの内側2本を締める。

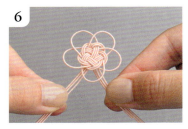

6　5枚の花びらを整え、花びらが完成。

7

「花芯」用の水引の端をそろえて、梅結びの中央に差し込む。

8

梅結びのうら側で花芯5本をタレと一緒にワイヤー留めをして、きわでカットする。

9

花びらの先端を少しだけ平ヤットコで挟み、溝を入れる。

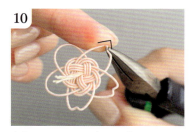

10

左指でおさえながら花びらの形を整える。

11

花芯をカットして、先端に金の油性ペンで色をつける。

ガクを作る

12

「ガク①」用の水引で5枚花びらの花結び(p.27)を結ぶ。

13

花結びの先端を平ヤットコでとがらせ、立体的にしておく。

組み立てる

14

ガクに木工用接着剤をつけ、花のうら側に接着する。

15

ガクのタレは片方のみ根元でカットして、桜の花が完成。

つぼみを作る

16

「つぼみ」用と「ガク②」用の水引で5枚花びらの花結び(p.27)を作る。

17

花結びの側面を指で細く立体的にし、つぼみのタレはカット。ガクの先端は平ヤットコでとがらせ、タレは片方のみカットする。

18

つぼみの下部分に木工用接着剤をつけ、ガクに重ね合わせる。

35

ミモザ —p.5,15

〈 おすすめアレンジ…ブローチ、ラッピング 〉

使う水引 ※左の写真は茎大 玉24個／茎小 玉10個

花：花水引[極細]（鳥の子） ……………… 30cm×1本×好きな数
（花はお好みの数）
葉：花水引[極細]（鴬） …………………… 90cm×1本×好きな数

Change カスミソウ
花：花水引[極細]（白） ……………………… 30cm×1本×好きな数

材料・道具　はさみ／目打ち／平ヤットコ／ニッパー／地巻きワイヤー（緑）
#24 #28／木工用接着剤／フローラルテープ（緑）

花を作る

1

「花」用の水引で作りたい数の玉結び（p.28）を偶数個結ぶ。

2

地巻きワイヤー（緑）#28を約4cmにカットし、花2つに対し、一つ結び（p.21）を1つ作る。

3

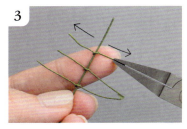

茎にする地巻きワイヤー（緑）#24を約15cmにカットし、2の一つ結びを通し、左右を平ヤットコで引っ張り結びつける。

4

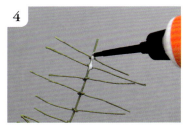

結び目の部分に木工用接着剤をつける。

5

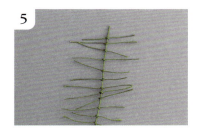

接着したところ。

6

ワイヤーに玉結びを通す。

7

玉結びの前後を木工用接着剤で接着する。

8

複数の玉結びを通して接着したところ。不要なワイヤーはカットする。

9

すべての玉結びを通して接着し、ワイヤーをV字に曲げて、形を整える。

葉を作る

10
花の完成。好みの数の枝を作る。

11
「葉」用の水引を22～24等分（1本約4cm～4.5cmほど）にカットする。

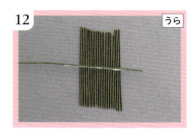

うら

12
11を並べ、木工用接着剤を塗った地巻きワイヤー（緑）#24を水引の中央に置き、接着する。

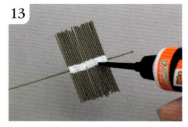

13
ワイヤー面が乾いたらおもて面にも木工用接着剤をつけて補強し、強度を上げる。

14
接着剤が乾いたら左右ともに斜め上に引き上げる。

15
写真右の形になるように水引をカットする。

組み立てる

16
全体を斜めに曲げると葉らしくなる。

17
10と16を合わせ、フローラルテープ（緑）で巻きつけてまとめる。

18
フローラルテープは葉の下の部分から端まで巻きつければOK。

フローラルテープ

Change カスミソウ → p.12

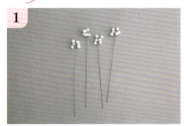

1
ミモザの1～10を参考に、玉6個ほどの花をいくつか作る。

2
1の中の1本を軸にして、残りのワイヤーをねじり合わせていく。

3
バランスを見ながら左右からねじり合わせれば完成。

木蓮 →p.5

〈おすすめアレンジ…髪飾り、挿花〉

使う水引	花：プラチナ水引（パール）	60cm×18本
	ガク①：花水引（百塩茶）	30cm×2本
	つぼみ：プラチナ水引（パール）	60cm×5本
	ガク②：花水引（百塩茶）	30cm×2本

材料・道具　はさみ／目打ち／平ヤットコ／ニッパー／裸ワイヤー／地巻きワイヤー（茶）#22／木工用接着剤／フローラルテープ（茶）

花を作る　◆亀結び

1

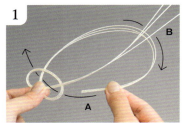

「花」用の水引で3本取のあわび結び（p.22）1〜5まで作り、**A**を下→下→上→下→下の順に入れる。

2

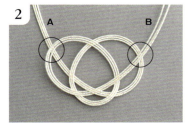

通したところ。丸の部分がぬけた状態になり、これを「ぬきあわび結び」という。

3

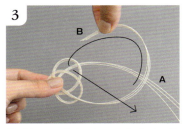

結びを90°時計回りに回転させ、**B**を上→上→下→上→上の順に通す。

4

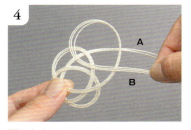

通したところ。

5

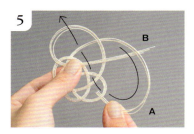

Aを上→下→上→下→上→下→上の順に通す。

6

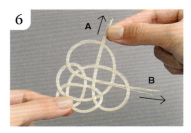

通したところ。**A**と**B**を引き、形を整える。

7

亀結びの完成。

8

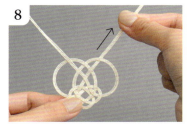

左右対称になるように意識しながら、あわび結びの部分から順に引き締めて小さくしていく。

9

指で側面を押して少し立体的にし、タレの交差点をワイヤーで留め、不要な水引はカットする。

10

1〜9と同じものを合計6個作る。1つは水引を引き締めて小さめに結んでおく。

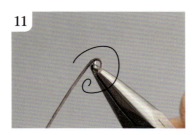

11

地巻きワイヤー（茶）#22の先端を平ヤットコでくるっと丸める。

12

10で小さく作った亀結びに11の地巻きワイヤーをかけ、ワイヤーでまとめ留める。

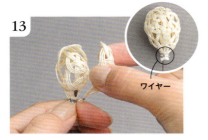

13

12を包むように、周りに残り5枚の亀結びを配置し、一緒にワイヤーでまとめ留める。

つぼみを作る

14

1〜9と同じ要領で、「つぼみ」用の水引で3本取と2本取の亀結びを結ぶ。

15

11〜13と同じ要領で、14のつぼみをまとめ留める。

ガクを作る

16

「ガク①」「ガク②」用の水引で1段目を少し大きくした、2本取の縦連続あわび結び（順手、p.24）を結ぶ。

17

1段目のあわび結びの左右の穴に、それぞれタレを差し込む。写真は左の穴に通したところ。

18

左右両方のタレを差し込んだところ。このままタレを引き、立体的にする。

組み立てる

19

花をガクの中央に差し込み、花とガクが接する面を木工用接着材で接着し、タレをカット。つぼみも同様にする。

20

花とつぼみのワイヤーに写真のような曲線をつけて2つを束ね、フローラルテープ（茶）を端まで巻きつける。

21

花を広げて整えたら完成。

ラナンキュラス

—p.4, 11
〈おすすめアレンジ…ラッピング、ブーケ〉

使う水引		
花びら①(5本取)	：花水引(草色)	90cm×5本
花びら②(4本取)	：花水引(草色)	60cm×4本
花びら③(3本取)	：花水引(草色)	45cm×3本
花びら④	：花水引(草色)	22.5cm×1本
ガク・茎①	：花水引(鶯)	60cm×3本
つぼみ	：プラチナ水引(ピュアホワイト)	22.5cm×7本
ガク・茎②	：花水引(鶯)	45cm×2本

材料・道具　はさみ／目打ち／平ヤットコ／ニッパー／裸ワイヤー／地巻きワイヤー(緑)#22／木工用接着剤／養生テープ

花を作る　◆かごめ結び十五角

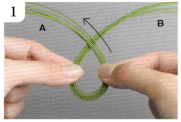

1　「花びら①」用の水引で、**A**を**B**の上にのせてしずく形を作る。

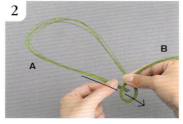

2　しずく形の輪の中へ、**A**を下→上の順に通す。

3　左手に持ち替えて交差した部分を押さえる。

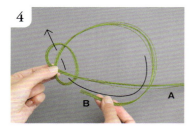

4　**B**を上→上→下→下→上の順に通す。

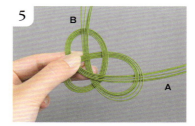

5　通したところ。

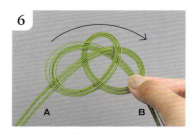

6　タレの先端が下を向くように、時計回りに回転させる。

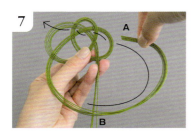

7　**A**を上→下→上→下→上→下→上の順に通す。

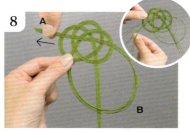

8　通したところ。内側の水引から1本ずつ引きながら形を整える。

9　結びがゆるやかなお椀型になるように、親指で中央を凹ませて形を整える。

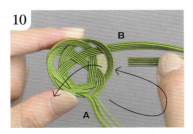

10
AをBの根元の印の位置にうらから差し込み、手前に通す。

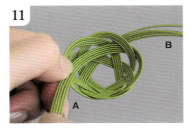

11
通したところ。

12
印の位置をワイヤーで留め、Aの不要な水引をカットする。

13
うら返して、Bは結びのきわでタレをカットする。

14
「花びら①」が完成。「花びら②」、「花びら③」の水引も1〜13と同様に、立体的なかごめ結びを結ぶ。

15
大きな花びらから順に重ね、木工用接着剤で接着する。

16
接着したところ。

17
「花びら④」用の水引で5枚花びらの花結び（p.27）を結んで花びらを立体的に立ち上がらせ、結びのきわでタレをカットする。

18
16の花の中央に木工用接着剤をつけ、17の花結びを接着する。

19
花の完成。

point
大きな花にチャレンジしたいときは、花びらのかごめ結び十五角7本取（90cm×7本）、6本取（90cm×6本）を加えて結んでみましょう。

ガクと茎を作る

20 「ガク・茎①」用の水引で3本取のあわび結び(p.22)をゆったり結び、桜(p.34)と同様に外側1本を残して内側の2本を締める。

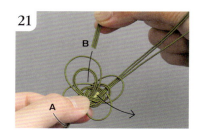

21 桜と同様にAで4枚目を作り、Bで5枚目を作るときに中央の穴から手前に出す。

22 通して引き締めたところ。片方のタレをカットする。うらおもてのない結びなので、どちらのタレを切ってもOK。

23 残ったタレの中央に地巻きワイヤー(緑)#22を挟み込み、水引バンド(p.30)の要領で茎を作る。

24 接着剤が乾いたら養生テープからはがす。結びの外側1本を平ヤットコでとがらせ、少し曲げたり、つまんでねじったりして形を作る。

組み立てる

25 ガクに木工用接着剤をつけ、花のうら側に接着する。

つぼみを作る

26 「つぼみ」用の水引で4本取と3本取のあわび結び(p.22)を結び、立体的になるように引き締めて結びのきわでカットする。

27 2つのあわび結びを重ね合わせ、木工用接着剤で接着する。

組み立てる

28 「ガク・茎②」用の水引で20~24と同様に2本取のガクを作り、片方のタレを根元でカットし、残ったタレを茎にする。

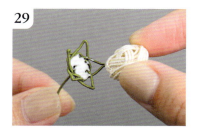

29 28のガクに木工用接着剤をつけ、つぼみのうら側に接着する。

カモミール → p.4,11,12

〈おすすめアレンジ…ラッピング、ブーケ〉

使う水引　花びら：プラチナ水引（シルバー）　　　　　4cm×14本
　　　　　花芯：花水引（鳥の子）　　　　　　　　　　45cm×1本
　　　　　ガク・茎：花水引（若苗色）　　　　　　　　60cm×2本
Change　ハルジオン
　　　　　花びら：プラチナ水引（シルバー）　　　　　4cm×14本
　　　　　花芯：花水引（鳥の子）　　　　　　　　　　45cm×1本
　　　　　ガク・茎：花水引（若苗色）　　　　　　　　60cm×1本

材料・道具　はさみ／目打ち／平ヤットコ／ニッパー／地巻きワイヤー（白）#28／木工用接着剤

花びらを作る　● ワイヤーつなぎ

1

「花びら」用の水引を、すべて半分に折る。

2

写真のように1本の水引に地巻きワイヤー（白）#28をかけ、180°ねじる。

3
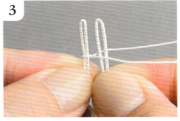

ねじったところ。ねじった根元に、さらに1本の水引を足し、再びねじる。

4

ねじったところ。

5
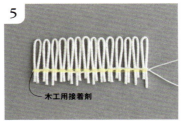

3をくり返し、14本の水引をねじりつなげたところ。ねじりつなげたワイヤーの部分に木工用接着剤をつける。

6

接着剤をつけたところ。不要な部分はカットして先をそろえる。

7

接着剤が乾いたら、円になるようゆっくり曲線をつける。

8

残ったワイヤーを1本目の水引に引っかけ、ねじり留めて円にする。余分なワイヤーはカットする。

9

花びらが完成。

> **point**
> ワイヤーつなぎの技法は、ねじり過ぎるとワイヤーが切れやすくなるため、毎回均一な力で180°回転させます。ねじった根元に水引を差し込むときも、できるだけ奥までしっかり差し込み、固定するよう気をつけましょう。

花芯を作る

10

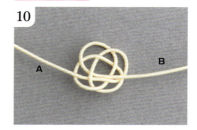

「花芯」用の水引で玉結び(p.28)の1〜3まで結ぶ。

11

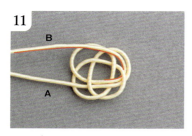

玉結びを平面的に作るイメージで、**B**のタレを**A**のタレの内側に沿うように通していく。1か所を通したところ。

12

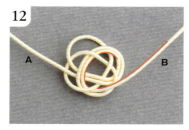

引き続き、結び全体が2重(2本)になるよう**B**を**A**の内側に沿うように通していく。

13

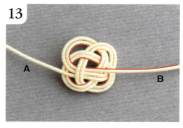

全体が2重(2本)になったところ。

14

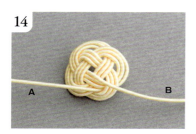

続いて**A**を一周させて、全体が3重(3本)になったところ。続けて**A**、**B**の水引が穴に入らなくなるまで入れていく。

15

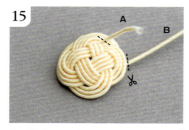

A、**B**を、おもてとうらからタレがそれぞれ出るように差し込み、結びのきわでカットする。

ガクと茎を作る

16

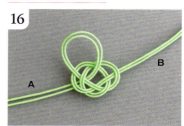

「ガク・茎」用の水引で梅結び(p.25) 1〜3を結んでいく。

17

Bを写真のように上から入れ、手前に通す。

18

通したところ。**A**のタレは結びのきわでカットする。

19

残った**B**のタレは水引バンド(p.30)の要領で接着して茎にする。

組み立てる

20 花びらのうらに木工用接着剤をつけ、ガクを接着する。

21 おもてに花芯を木工用接着剤で接着して完成。

change ハルジオン

1 ガク・茎は1本取で結び、花びらと接着する。花芯はカモミールより巻きを少なく少し小さく結び、花びらと接着。花びらの先端をカットする。

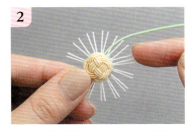

2 花びらが等間隔になるように指先で広げる。

3 うらから見たところ。

4 完成。

point

16〜19の梅結びをアレンジしたガクの作り方は、本書ではラナンキュラスとカモミールに登場していますが、花の底面がおわん型〜平面になっている細工なら、何にでも使えます。残りのタレを茎に使えるので、とても使い勝手のよい結び。ぜひいろいろな場面で使ってみてください。

column

残った短い水引を使って

作品作りをしていると必ず出てくるのが、「もうあわび結びも結べないかな」という長さの短い水引。カラフルだし、キラキラしているし、集まるとかわいいし、なかなか捨てられないですよね。そんなときは、お花の花芯にしたり、小さなかけ結びを結んで装飾にしたり、一つ結びにして金封ののしにしたり……。カモミールの花びらも1本4cmあれば作れるので、ワイヤーつなぎの技法でカラフルな花びらを作っても水引らしくてとてもかわいいと思います。

カーネーション →p.4
〈おすすめアレンジ…カード、挿花〉

使う水引　花：花水引(柘榴)……………………45cm×2本
　　　　　ガク・茎①：花水引(鶯)……………………45cm×1本
　　　　　つぼみ：特光水引(アイボリー)……………30cm×1本
　　　　　ガク・茎②：花水引(鶯)……………………45cm×1本

材料・道具　はさみ／目打ち／平ヤットコ／ニッパー／裸ワイヤー／
　　　　　　金ワイヤー／木工用接着剤／菊芯台紙1.5cm×4.0cm、
　　　　　　1.0cm×4.0cm

> **point**
> 菊芯技法は、しっかり巻きつけすぎると台紙から抜けなくなります。少し力を抜いて巻きつけるようにしましょう。

花を作る　◆ 菊芯技法(扇)

1
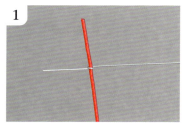
「花」用の水引の先端付近に、ワイヤーを巻き留める。

2
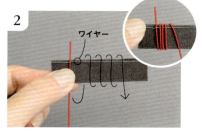
写真のように1を1.5cmの菊芯台紙(右ページ参照)に当て、ワイヤーを挟んで水引を12巻きする。

3
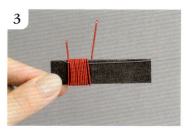
12周して巻き終えたところ。

4
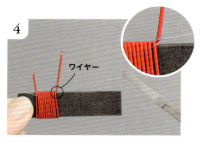
巻き終わりの根元部分をワイヤーで巻き留める。

5

台紙の上下を平ヤットコで挟んで、水引にしっかりと折り目をつける。

6
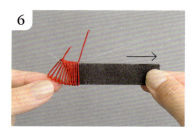
ゆっくりと台紙を引き抜く。

7

水引をゆっくりとカーブさせて扇形にし、不要な水引とワイヤーをカットする。

8
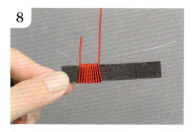
1〜7と同様に次は1.0cmの菊芯台紙に11巻きして扇形の菊芯を作る。

9

2つの菊芯(扇)を写真のように重ね合わせ、木工用接着剤で接着する。

ガク・茎を作る

10

「ガク・茎①」用の水引で3枚花びらのかけ結び (p.27) を結び、両サイドを小さめの輪にする。

11

10のタレをまとめて金ワイヤーで留め、輪を平ヤットコでとがらせる。

組み立てる

12

11のガク・茎を、9の花に重ねて木工用接着剤で接着する。

13

完成。茎のタレは好きな長さにカットする。

つぼみを作る

14

「つぼみ」用と「ガク・茎②」用の水引で、桜 (p.34) のつぼみと同様に結び、木工用接着剤で接着する。

column

菊芯技法でできる表現

　菊芯技法で作る扇や円のモチーフは、水引の長さや台紙の幅を変えることで、さまざまな大きさ・密度のモチーフを作ることができます。写真を参考に、台紙をあらかじめ作っておくと便利です。

　本書では、アネモネのChangeで作る「菊」(p.73) でも菊芯（円）のモチーフが登場します。そこでは、水引45cmを台紙0.7cmに22巻、水引90cmを台紙1.5cmに24巻しており、2種類のモチーフを作っています。

　台紙の幅はもちろん、巻き数、選ぶ水引の素材によっても密度や雰囲気、使い方が変わってくるので、さまざまなサイズで作りながらアレンジを楽しんでください。

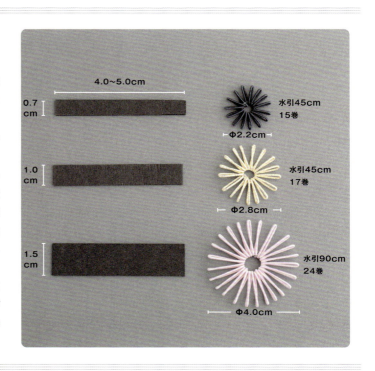

47

カラー → p.5,12

〈 おすすめアレンジ…ブーケ、挿花 〉

使う水引	苞：絹巻水引(白)	30cm×6本
	花序：花水引(鳥の子)	30cm×4本
	プラチナ水引(モルト)	30cm×2本
	茎①：花水引(鶯)	20cm×12本
	茎②：花水引(鶯)	22.5cm×4本
Change	アンスリウム	
	苞：花水引(枇杷色)	30cm×6本
	花序：プラチナ水引(パール)	30cm×6本
	茎①：花水引(鶯)	20cm×12本
	茎②：花水引(鶯)	22.5cm×4本

材料・道具　はさみ／目打ち／平ヤットコ／ニッパー／金ワイヤー／
裸ワイヤー／地巻きワイヤー(緑)#28／フローラルテープ(緑)

苞を作る

1　「苞」用の水引6本の中央を、金ワイヤーで平らに留める。

2　ワイヤー留めした部分で折り、左右に目打ちを当てて滑らせ、しっかりしごく。

3　右の6本が上になるように端を重ね合わせる。

4　交差点を指で押さえながら、左右各6本を内側から順に出し引きし、苞を広げる。

5　写真のように後ろへ立体的になるように反らせ、苞の形を整える。

6　11や13の写真を参考にしながら形を整え、手元をワイヤーで留める。

花序を作る

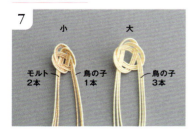

7　「花序」用の水引で3本取のあわび結び(p.22)を2つ立体的に結ぶ。1つはよりきつく締めて結び、大きさに差をつける。

8　タレを重ね合わせてそれぞれワイヤー留めし、片方のタレを写真のように斜めにカットする。

9　大きいあわび結びで小さいあわび結びを包み込むように、向かい合わせに重ねてワイヤーで留める。

組み立てる

10

苞で花序を包み込むようにして、ワイヤー留めする。

11

苞のタレの前面3本を残して、苞と花序のタレを写真の位置でカットする。

12

11でカットした部分に「茎①」用の水引12本を差し込むように合わせてワイヤーで留める。

13

つなげた部分やワイヤー部分が隠れるようにフローラルテープ（緑）を巻く。

14

苞と茎の境目に背面から4本の「茎②」用の水引を沿わせて巻きつけ、前面で交差させ、印の位置を地巻ワイヤー（緑）#28で縦に留める。

15

再び背面→前面の順に巻きつけて交差したら、最後は背面に巻きつけて地巻ワイヤー（緑）#28で縦に留める。

16

ワイヤーで留めたところ。不要な水引をカットすれば完成。

point
苞を形作る4のプロセスは、内側の水引を思い切って引くことで苞が背面に反り返り、カラーらしくなります。

Change アンスリウム

1

1〜16をカラーと同じように結び、苞をしっかりと反らせて広げて整える。

2

完成。

紫陽花 — p.6, 12
〈おすすめアレンジ…カード、ブーケ〉

使う水引　花：京水引(月白)　　　　　　　　　　　30cm×2本×24個
　　　　　　プラチナ水引(ピュアホワイト)
　　　　　　　　　　　　　　　　　　　　　　　　(花はお好みの色・数)
　　　　　葉：花水引(天鷲絨)　　　　　　　　　　22.5cm×5本

材料・道具　はさみ／目打ち／平ヤットコ／ニッパー／裸ワイヤー／金ワイヤー／地巻きワイヤー(緑)#24／フローラルテープ(緑)

花を作る　◆ 叶結び(三つ輪)

1

「花」用の水引でAをBの上にのせ、しずく形を作る。

2

しずく形の左隣にAで輪を作り上にのせる。

3
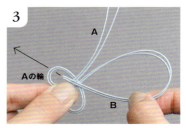
2で作ったAの輪にBを差し込む。

4
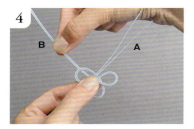
差し込んだところ。

5
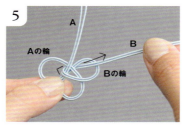
続いて、Bを結び目の根元からうら側へ折り返し、Bの輪から手前に引き出す。

6
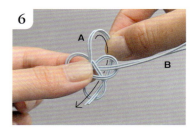
中央のしずく形の中へ、Aをうらから通し手前に出す。

7
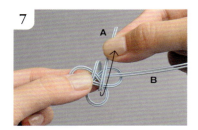
続いて、Aの先端を上向きに引き、6で作った輪の右横に配置する。

8
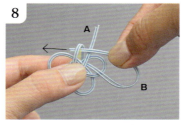
Aのタレの上を通りながら、Bを6で作った輪の中へ通す。

9

A、Bそれぞれ引き、全体を引き締めたところ。

> point
> 叶結びは、後から小さく締めていくのは
> 難しいので、最初からできる限り完成
> サイズの輪の大きさで結びます。

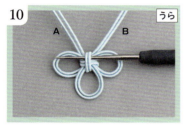

目打ちで結び目の部分を広げる。

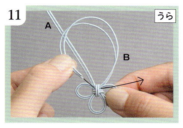

Bを写真の位置に差し込む。

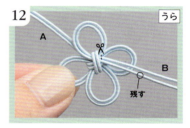

差し込んだところ。Bの内側1本を結びのきわでカットする。

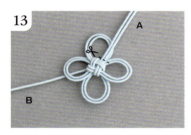

おもて面に出ているAを結びのきわでカットする。

1〜13と同じものを計4つ作ったら、地巻きワイヤー（緑）#24と一緒にワイヤーでまとめ留め、不要な水引はカットする。

カットしたところ。

ワイヤーを巻いた部分から下にフローラルテープを巻いて1房が完成。

14〜16を好きな数だけ作る。

51

point
紫陽花の葉のタレの重ね方は、カラー（p.48）の苞3とはおもてうら逆の重ね方になっています。このページで紹介している葉の作り方がスタンダードな細工、カラーの苞の重ね方のほうが特殊な細工です。
紫陽花の葉は、箸置きとして p.13 のように使用することもできます。

葉を作る　●葉細工

18 「葉」用の5本の水引の中央を金ワイヤーで留める。

19 平ヤットコを使ってワイヤーの位置でしっかり折る。

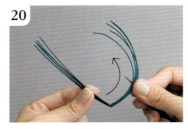

20 ワイヤーの左右を目打ちでしごき、曲線をつける。

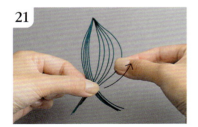

21 左の5本が上になるようにタレの端を重ね合わせ、5本に均一な隙間を作りながら、左右を葉の形に整える。

22 形ができたらワイヤー留めし、両端の水引を1本ずつ残してカットする。

組み立てる

23 花の房を束ね、葉と一緒にワイヤー留めする。

24 ワイヤー部分を隠すように、茎部分にフローラルテープ（緑）を巻きつける。

25 端までしっかりと巻く。

26 花を広げて全体を整える。

桔梗 → p.6
〈おすすめアレンジ…髪飾り、挿花〉

使う水引	花びら：花水引(桔梗色)	15cm×15本
	花芯①：花水引(桔梗色)	30cm×1本
	花芯②：プラチナ水引[極細](パール)	7cm×3本
	ガク・茎：花水引(鶯)	60cm×1本
Change	ツツジ	
	花びら：京水引(薄桜)	15cm×15本
	花芯①：京水引(薄桜)	30cm×1本
	花芯②：プラチナ水引[極細](パール)	7cm×6本
	ガク・茎：花水引(鶯)	60cm×1本

材料・道具　はさみ／目打ち／平ヤットコ／ニッパー／裸ワイヤー／金ワイヤー／地巻きワイヤー(緑)#24／木工用接着剤／フローラルテープ(緑)／金の油性ペン

花びらを作る

1

「花びら」用の水引で1枚に3本の水引を使い、紫陽花(p.50)の葉18〜21と同様に作ってワイヤー留めし、花びらを5枚作る。

2
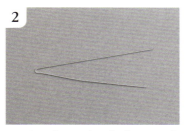
ワイヤーをUの字に曲げ、1の5枚の花びらをワイヤーつなぎ(p.43)2〜4の要領でつないでいく。

3
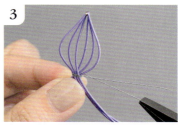
1枚の花びらにワイヤーをかけて交差させる。

4
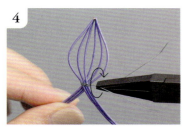
180度ねじったところ。

5
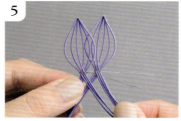
ねじった根元に1の花びらを1枚加え、再びねじる。

6
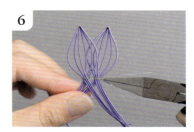
ねじったところ。

7

同様に5枚の花びらを順にねじりつなげたら、ワイヤーの位置に木工用接着剤をつける。

8

接着剤を塗ったところ。乾いたら不要な水引をカットする。

9
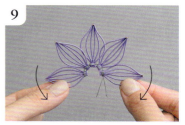
接着剤が乾いたら、円になるようゆっくりと曲線をつけていく。

point
紫陽花の葉と同様の作りですが、桔梗の花びらのほうが小さいので、より素材をやわらかくする必要があるため、よくしごきましょう。しっかりしごくことで、ふっくらとした花びらを作ることができます。

10
5枚目の花びらの残ったワイヤーを1枚目の花びらの根元部分に引っかけて留め、円にする。

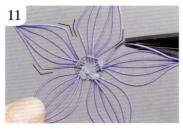

11
花びらの輪郭部分の水引を、写真のように平ヤットコで折り、形を作る。

花芯を作る

12
「花芯①」用の水引で自立型梅結び(p.26)を結び、タレを結びのきわでカットする。

13
12の花芯を花びらの中心に重ね、木工用接着剤で接着する。

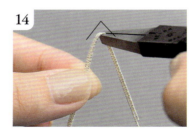

14
「花芯②」用の水引3本を、写真のように中央で折る。

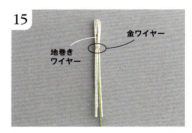

15
折った部分に地巻きワイヤー(緑)#24を差し込み、上から1cmほどの位置で金ワイヤーで留める。

ガクと茎を作る

16
放射状に水引を広げて1本はカットして5本にし、バランスを整える。

17
「ガク・茎」用の水引で縦連続あわび結び(順手、P.24)を結ぶ。1段目のほうの結びを大きくしておく。

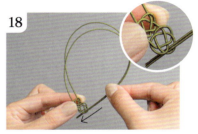

18
1段目の輪の中に水引を2本とも通す。

組み立てる

19 通したところ。

20 1段目と2段目のあわび結びの間を指先で広げてガクの形を整える。

21 16の花芯②のワイヤーを13の花びら、20のガクと茎に差し込む。

22 差し込んだ花芯の水引を花びらに接着した梅結びより少し長めにカットし、先端を金の油性ペンで塗る。

23 茎の水引の間に花芯のワイヤーを挟み、水引バンド(p.30)の要領で貼り合わせ、先端はカットしてそろえる。

Change ツツジ

1 「花芯②」用の水引に地巻きワイヤー(緑)を差し込みワイヤーで留め、「花芯①」用の水引でタレを少し残して作った自立型梅結び(p.26)に差し込みワイヤーで留める。

2 1の花芯、桔梗と同様に花びら、ガクと茎を用意する。花びらの輪郭部分は、桔梗と異なり折らずに使う。

3 桔梗と同様に組み立てて花芯と茎をワイヤーで留め、茎の部分は好みの長さにカットする。

55

向日葵 → p.6,15
〈おすすめアレンジ…ブローチ、帯留め〉

使う水引	花びら①：花水引(鳥の子)	90cm×2本
	花びら②：花水引(香色)	90cm×1本
	花芯：プラチナ水引(ブロンズ)	30cm×4本
	ガク①：花水引(千歳緑)	60cm×1本
	ガク②：花水引(千歳緑)	45cm×3本

材料・道具　はさみ／目打ち／平ヤットコ／ニッパー／裸ワイヤー／木工用接着剤

花びらを作る

1

「花びら①」用の水引で、16枚花びらの花結び(p.27)を2つ作る。

2

「花びら②」用の水引で、14枚花びらの花結び(p.27)を1つ作る。

3
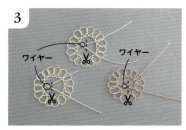

花結びのタレをワイヤーで留めて、きわで不要な水引をカットする。

花芯を作る

4

「花芯」用の水引で2本取の自立型梅結び(p.26)を結び、写真の位置でタレをカットする。

● かごめ結び十角

5
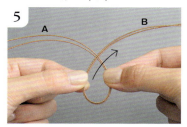

「花芯」用の水引2本取で、BをAの上にのせ、しずく形を作る。

6
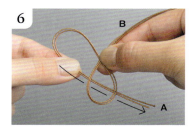

Aをしずく形の下に重ねる。

7
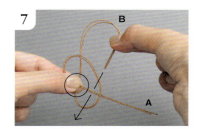

左端の交差点を左手で持ち、Bを上→下→上の順に通す。

8
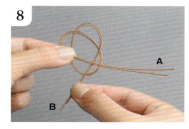

通したところ。

9
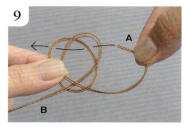

Aを上→下→上→下の順に通す。

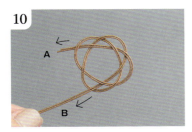

通したところ。**A**と**B**の先端を引き、結びの形を整える。

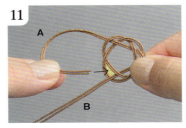

Aを**B**のうら側に重ねるように、印の輪の中へ差し込む。

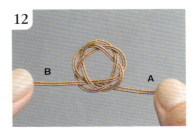

差し込んだところ。

うらの印の位置でワイヤー留めし、おもてうらともに不要な水引をカットする。

ガクを作る

「ガク①」用の水引で、13枚花びらの花結び (p.27) を結び、花びら同様、ワイヤーで留めて不要な水引はカットする。

「ガク②」用の水引で、3本取の自立型梅結び (p.26) を結んで**4**と同様にカットする。

組み立てる

作ったパーツを写真のような順番に並べ、接着面に木工用接着剤をつけ、左から順番に上に重ねて組み立てていく。

❶のガクの自立型梅結びと❷の13枚花結びを接着したところ。同様に❸以降も接着して重ねていく。

接着剤が乾いたら、❹の花結びと❺の花結びを写真のように立ち上がらせ、立体的にする。

平ヤットコで花びらを色々な方向へ向けたり、ひねったり、折り返したりしながら自由に花びらを作っていく。

バランスを見ながら花びらの形を整えたら完成。

笹 — p.6,10

〈おすすめアレンジ…ぽち袋、カード〉

使う水引　葉：色水引（細松葉） ……… 15cm×3本×24個
（葉はお好みの数）
　　　　　幹：色水引（細松葉） ……… 90cm×3本

材料・道具　はさみ／目打ち／平ヤットコ／ニッパー／金ワイヤー／地巻きワイヤー（緑）#22 #26／フローラルテープ（緑）

point
笹の葉はできるだけ細く、先端を鋭利に重ね合わせることで、本物の笹の葉の形により近づけることができます。

葉と枝を作る

1

「葉」用の水引を3本取で、中央部分のみを目打ちでよくしごき、曲線をつける。

2

しずく型にして交差点を金ワイヤーで留め、写真のようにタレを1本だけ残してカットする。しずくの大きさを変えて葉に大小をつけてもよい。

3

平ヤットコで折り目をつければ1枚の葉が完成。1〜3をくり返して葉を作る。

4

2〜4枚の葉を地巻きワイヤー（緑）#26でねじりまとめ、ワイヤーの片方は根元でカットする。好きな数だけ作る。

5

幹になる地巻きワイヤー（緑）#22を軸にして葉のモチーフを置き、枝のバランスを確認する。

6

枝にする地巻きワイヤー（緑）#22を軸にして葉のモチーフをねじり合わせる。

組み立てる

7

2つのモチーフをねじり合わせたところ。写真の位置でワイヤーはカットしておく。好きな数だけ作る。

8

5の幹のワイヤーを軸に、上から葉のモチーフや7の枝のモチーフを差し込みながらフローラルテープ（緑）を巻き、笹の形を作っていく。

9

幹の端までモチーフを差し込みながら全体にフローラルテープを巻く。

● 枝巻技法

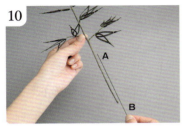

10

「幹」用の水引1本を9の端から10cmぐらいのところに添える。水引の上の方を**A**、下の方を**B**とする。

11

Bを幹に対して垂直に曲げる。

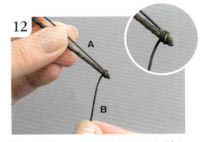

12

Bの水引で、**A**を巻き込みながら隙間なく巻いていく。フローラルテープが巻いてあるので、きれいに巻きつく。

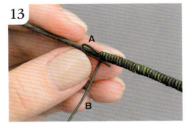

13

Bの巻き終わりが見えてきたら、**A**の端をU字に折る

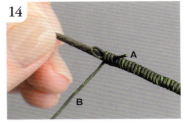

14

Aの端を少しだけ残して**B**を3回巻く。

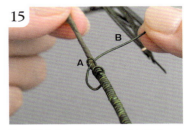

15

Bの巻き終わりを**A**の輪に通す。

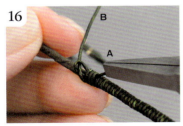

16

残しておいた**A**の端を平ヤットコで引く。

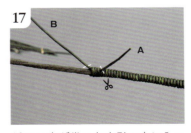

17

13のU字が巻いた水引の中に入ったところ。結びのきわで**A**、**B**どちらもカットする。

18

10〜17をくり返し、同様に残り2本の「幹」用の水引を巻きつけて幹全体を枝巻する。

19

葉を開くなどして向きを整える。

column
水引と和紙で作る七夕飾り

笹の葉を水引で作ったら、せっかくなので七夕飾りも作ってみてはどうでしょう。和紙で折る鶴や切れ端で作る短冊、短い水引を束ねて吹き流し……。すてきな七夕飾りになります。

59

金木犀(きんもくせい) → p.7, 13

〈おすすめアレンジ…箸飾り、カード〉

使う水引　花びら：花水引（枇杷色） ……… 22.5cm×1本×12個
（花はお好みの数）

花芯：純銀水引[極細]（ゴールド） ……… 10cm×1本×12個

束ねる場合のリボン：純銀水引[極細]（ゴールド）
……… 15cm×数本

葉：花水引（鶯） ……… 90cm×3本

材料・道具　はさみ／目打ち／平ヤットコ／ニッパー／金ワイヤー／木工用接着剤

花を作る

1

「花びら」用の水引で紫陽花(P.50)と同様に四つ葉のモチーフを作る。タレはどちらも結びのきわでカットする。

2
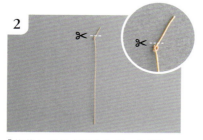
「花芯」用の水引1本で、先端に一つ結び(p.21)を結び、結びのきわで上のタレをカットする。

3

花びらの中央に目打ちを差し込み結び目を広げる。

4

3の中央に2の花芯を差し込み、木工用接着剤でおもて面とうら面を接着して完成。

5

束にする場合は、花を3〜4つ作り、もろわな結び・かたわな結び・真結び(p.21)などで束ねる。

◆ もろわな結び

1
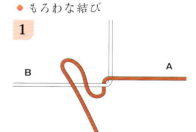
結びたいもの（今回は数本の花芯）の後ろから水引を1本通し、AをBの上にのせて交差させ、図のようにU字を作る。

2
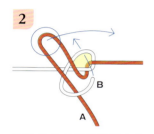
BをAのU字の下にくぐらせて、図の輪に通し、AのU字を右側にする。

3
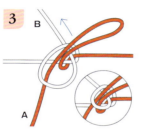
Bを引きながら結び目を小さくしていく。

4
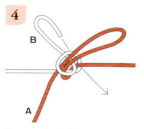
BでU字を作り、AのU字の後ろ、2でBを入れた穴に図のように通す。

5
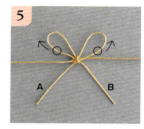
輪の下側を引いて大きさを整える。

◆ かたわな結び

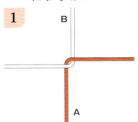

AをBの上にのせて交差させる。

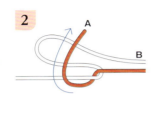

BでU字を作り、Aを上にのせる。

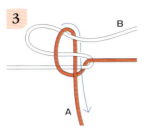

BのU字のうら側から、Aを中央の輪の中へ入れて下に引く。

BとAの端を引いて引き締めて大きさを整える。

葉を作る　◆ 葉結び

「葉」用の水引でかけ結び(p.27)の1～3を参考に、3本取で3つの輪を作る。

Aを上にしてBと交差させる。

Aを上→下→上の順に通す。

通したところ。

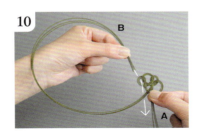

Bを下→上→下の順に通す。

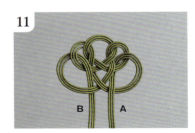

通したところ。7～10を6回くり返す。

6回くり返したところ。

金ワイヤーで留め、葉の付け根部分になる水引は斜めになるようにカットする。

カットしたところ。タレの先端はそろえず、長さに差をつけてカットする。

彼岸花 → p.7
〈おすすめアレンジ…挿花〉

使う水引	花びら：花水引(梅紫)	8cm×6本×6個
	花芯：花水引(梅紫)	10cm×7本×6個
	ガク：花水引(鶯)	22.5cm×1本×6個
	茎：花水引(鶯)	90cm×2〜3本

材料・道具　はさみ／目打ち／平ヤットコ／ニッパー／裸ワイヤー／地巻きワイヤー(緑)#24／木工用接着剤／養生テープ／フローラルテープ(緑)／両面テープ

花を作る

1

「花芯」用の7本の水引の真ん中に地巻きワイヤー(緑)#24を配置し、ワイヤーでひとまとめにする。(p.7の作品の地巻きワイヤーの長さは約15cm)

2
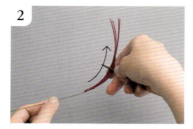
1の花芯用の水引に目打ちを当ててしっかりとしごき、曲線をつける。

3

「花びら」用の6本の水引をすべて半分に折る。

4

水引バンド(p.30)の要領で、3の6本を横に並べ、下部1cmほどに木工用接着剤をつけて接着する。

5

4で接着した部分に、両面テープを貼りつける。

6

2の花芯に5の花びらを巻きつけるようにして貼りつける。

7
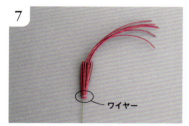
貼りつけたところ。できるだけ花びらの下のほうでワイヤーで留める。

8

花びらの外側から目打ちを当て、反らせるように曲線をつける。

9
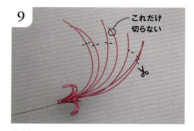
曲線をつけたところ。花芯は中央の1本を残し、他の6本は少し短くカットする。

ガクを作る

10

カモミール (p.43) の花芯と同様に「ガク」用の水引で小さい半球の玉結び (p.28) を結ぶ。結び全体が2周したら不要な水引をカットする。

11

ガクの中央に9の花を差し込み、木工用接着剤で接着する。

12

1〜11をくり返し、同じものを計6個作る。

組み立てる

13

ガクから1.5cmほどの位置でワイヤーを斜めに折り曲げる。

14

折り曲げた部分を合わせるように6個を束ね、フローラルテープ（緑）を端まで巻きつける。

15

笹と同様に、フローラルテープの上から「茎」用の水引2〜3本を枝巻技法 (p.59) 10〜17で巻き花の形を整える。

point
2と8のプロセスで、しっかりと水引をしごいて曲線をつけることで、彼岸花らしい豊かな花の広がりを作ることができます。

吾亦紅 — p.7, 12

〈おすすめアレンジ…カード、ラッピング〉

使う水引	花：花水引（柘榴）	30cm × 6本
Change	ドングリ	
	果実：プラチナ水引（モルト）	30cm × 6本
	殻斗（ぼうし）：絹巻水引（うす茶）	30cm × 1本

材料・道具　はさみ／目打ち／平ヤットコ／ニッパー／裸ワイヤー／地巻きワイヤー（緑）#22／木工用接着剤

> **point**
> 水引はもともと赤系の色のバリエーションが豊富で、さまざまな赤色の素材があります。単純な作りだからこそ、赤の色選びを楽しみながら、たくさん作ってみてください。

花を作る　◆ 菜の花結び

1
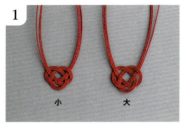

「花」用の水引で3本取のあわび結び(p.22)を2つ結ぶ。1つは大きめに結んでおき、大小の差をつけておく。

2
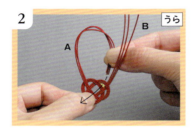

AをBの軌道に沿うように、うらから差し込み手前に通す。

3

通したところ。AとBが1本のラインになるようにAをBの上に重ねる。

4
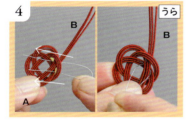

写真のようにU字にしたワイヤーを印の位置に通して下にスライドさせ、おもてから見えない位置でAとBを留める。

5

ワイヤーで留めたところ。ワイヤーのきわで不要な水引をカットする。

6

おもては結びのきわでカットする。

7

丸くなるように形を整えれば菜の花結びが完成。

8

うらから指先を入れて立体的にする。

9

2～8を同様に作り、大小2つとも立体的な菜の花結びにする。

> *point*
> 4～6のおもてから見えないワイヤーの留め方は、かごめ結び十角(p.56)、十五角(p.40)などループしている結びを留めるときや、アネモネ(p.70) 12～13で花の始点と終点をつなげるときにも使用しています。他にもいろいろな場面で使えるので、ぜひマスターしてください。

組み立てる

10 先を丸くした地巻きワイヤー(緑)#22に木工用接着剤をつけ、大きいほうの花につける。

11 小さいほうの花にも木工用接着剤をつけ、ワイヤーを挟んで抱き合わせて接着する。

Change ドングリ → p.14

1 吾亦紅の花と同様に果実を作る。「殻斗(ぼうし)」用の水引で、カモミール(p.43)の花芯と同様の作り方で小さい半球の玉結び(p.28)を結び、タレは結びのきわでカットする。

2 果実に木工用接着剤をつけ、殻斗と接着する。

3 ドングリの完成。

column
色づく葉と木の実

葉や木の実の味わい深い秋の色。枇杷(びわ)色、山吹色、柿色、香(こう)色、桑染(くわぞめ)色、伽羅(きゃら)色、胡桃(くるみ)色、百塩茶(ももしおちゃ)、雀(すずめ)色、黄色やオレンジ、茶系のニュアンスカラー。こっくりとした深みのある色選びを楽しみながら、秋の水引細工を結んでみてください。

イチョウ —p.7,10

〈おすすめアレンジ…ぽち袋、箸飾り〉

使う水引　葉・茎：花水引(金茶) ……………… 90cm×1本
　　　　　葉：花水引(金茶) ……………………… 7cm×1本

材料・道具　はさみ／目打ち／平ヤットコ／ニッパー／裸ワイヤー／金ワイヤー／木工用接着剤／養生テープ／菊芯台紙1.5cm×4.0cm

 point
5は、しっかり菊芯を広げながら水引を差し込みます。少し広げるだけだと素材の性質上しなりが強く、戻ってしまうことがあります。

1
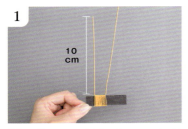

「葉・茎」用の水引の先10cmほどを残し、カーネーションの1～7と同様に菊芯技法(p.46)で扇状のモチーフを作る。

2
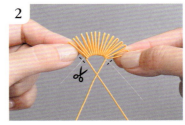

巻き終わって台紙から外したところ。不要なワイヤーは根元でカットする。

3

左右のタレは切らず、写真の位置を金ワイヤーで留める。

4
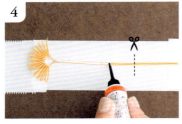

茎はタレを利用して水引バンド(p30)の要領で木工用接着剤で接着し、好みの長さでカットする。

5
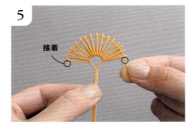

扇部分を均一に広げ、「葉」用の水引を円周部分に差し込み、左右の端を木工用接着剤で接着する。

6

5の両端から出た不要な部分をきわでカットしたら完成。

column
自分の中の色の記憶で、季節の水引を選ぶ

　以前、東京の茅場町で、二十四節気の色をテーマにした展示会を開催しました。このために作ったのは、二十四の季節を辿る水引アソート。巡る四季の美しさや豊かさ、多様さを、無限にある水引の色合わせから、各季節4色ずつ選び、表現しました。

　節分を越えた2月4日、旧暦でいう新しい年、始まりの季節、春がやってきます。到来の喜びと期待を表すような、優しく淡い春の兆しを感じる左上角のアソートは、「立春」。

　萌える季節を迎える野花と大地の色、新しい命の瑞々しさと潤いの雨、伝統行事を感じる三色、儚く舞う桜、若葉が青葉へと移り変わり命満ちる初夏、高くなる青空と雲、活気と深緑と木漏れ日のコントラスト、祭りと花火、夏至の夜明けのマジックアワー、鮮やかに色づいていく木々、夕暮れの茜色、澄んでいく空気と満月、白く薄く伸びて行く美しい日脚、痛く清々しい朝、風冴ゆる時、厳かな日本文化に立ち戻り新たな年へ、最も厳しい季節を超えて再び節分へ。右下角のアソートは「大寒」です。自然の流れと、人々の営みと暮らしが絡み合いながら、巡っていく季節を想像しながらセレクトしたのが、この二十四の色彩です。

　青い緑がやがて深くなり、色付き、朽ちて散っていく植物のサイクルがあるように、私たちの情緒も、季節と共に動いていきます。自然から受け取るエネルギーや情緒は一通りではなく、その時々の思い出や記憶、歴史が相まって、一人ひとりまったく異なった色彩になるのではないでしょうか。私の色彩の原点は、故郷である淡路島での自然に寄り添った暮らしや、そこで感じた土に足をつける尊さや豊かさにあると感じています。

　本書では、さまざまな色彩のお花を取り上げています。ぜひ、自分が思い描く時節のイメージや記憶、色に想いを馳せ、その色彩感覚を大切にしてください。水引だからこそできる色遊びを愉しみながら、四季のお花を結んでみてください。

松 → p.8,14

〈おすすめアレンジ
　…インテリアフレーム、ぽち袋〉

使う水引		
松大①	：花水引（千歳緑）	90cm×5本
松大②	：プラチナ水引（ピンク）	15cm×1本
松小①	：花水引（海松茶）	60cm×3本
松小②	：花水引（百塩茶）	22.5cm×1本
枝	：花水引（百塩茶）	45cm×5本

材料・道具　はさみ／目打ち／平ヤットコ／ニッパー／裸ワイヤー／金ワイヤー／目玉クリップ／木工用接着剤

松を作る　◆ 松結び

1

「松大①」用の水引であわび結び(p.22)を5本取で結ぶ。

2
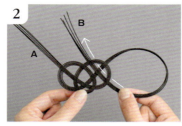

写真のように B で輪を作り、あわび結びの右の輪に下→上→下の順に差し込む。差し込んだところは目玉クリップなどで留めておくと外れにくくなる。

3
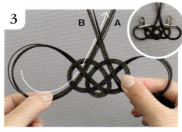

B と同様に A も輪を作り、あわび結びの左の輪に上→下→上の順に差し込む。上に出ている A、B のタレは、B が上になるように交差させておく。

4
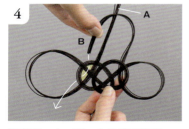

B を下→上→下→上の順に通す。

5
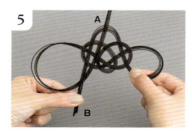

通したところ。

6
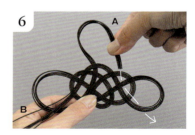

続いて A を上→下→上→下の順に通す。

7

通したところ。

8

全体を引き締めてバランスを整える。

9

B のタレをうら側に折り返す。

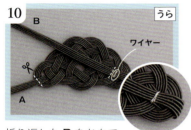

折り返したBをおもてから見えない位置でワイヤーで留め、A、Bともに不要な水引はカットする。

「松小①」用の水引で3本取の松結びを1～10と同様に結び、大小の松を作る。

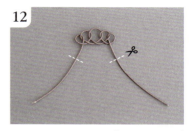

松小につける5枚花びらのかけ結び(p.27)を「松小②」用の水引で作り、写真の位置でタレをカットする。

枝を作る

12のかけ結びを、木工用接着剤で松小に接着する。

「枝」用の水引5本で輪を作ってワイヤーで留め、端の2本をカットする。

残り3本の水引をワイヤーから5cmぐらいの位置で一つ結び(p.21)を結ぶ。

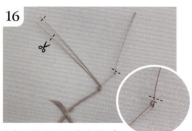

3本のうちの1本を結び目から3cmほどの位置で再び一つ結び(p.21)し、残り2本は折り曲げる。先端はそれぞれ写真の位置でカットする。

カットしたところ。これで枝は完成。

組み立てる

14で留めた枝のワイヤー位置のところに「松大②」の水引を通し、松大を真結び(p.21)で結びつける。

結びつけたところ。余分な水引はカットする。

松小は金ワイヤーで枝と一緒に写真の位置で留める。

point
5本取でうまく結べなかった方は、目玉クリップを使い、はずれてしまいそうなところを仮止めしながら、まずは3本取から挑戦してみましょう。

アネモネ —p.9,14

〈おすすめアレンジ
　…インテリアフレーム、ブーケ〉

使う水引	ガク片① : 絹巻水引(白)	90cm×6本
	ガク片② : 花水引(藍墨)	60cm×2本
	花芯① : 花水引(藍墨)	30cm×3本
	花芯② : 花水引(藍墨)	45cm×1本
	葉 : 花水引(鶯)	45cm×3本
	茎 : 花水引(鶯)	60cm×1本
Change 菊	花びら① : プラチナ水引(ピュアホワイト)	90cm×1本
	花びら② : 純銀水引(極)	45cm×1本
	花芯 : プラチナ水引(モスゴールド)	45cm×1本

ガク片を作る
（花びらのように見える部分）　● 抱きあわび結び

1
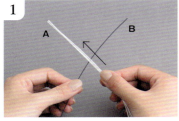
「ガク片①」用の水引3本が上になるように、「ガク片②」用の水引1本と交差させる。

2
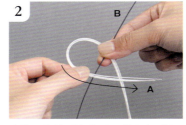
交差した箇所を右手で持ちながら、**A**を上→上と重ねる。

3
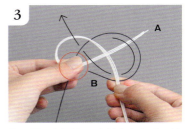
丸で囲った写真の交差点を左手で持ちながら**B**を上→下→上→下→上の順に通す。

4
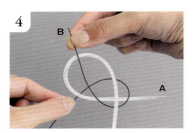
通したところ。3本取の輪の方を大きくし、1本取の方はしっかりと引き締める。

5
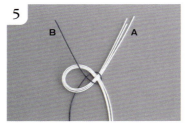
抱きあわび結びがタレの先端寄りの位置になるように、引き締めながら調整する。

6
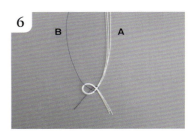
うら返して、長いタレが上になるようにする。

7
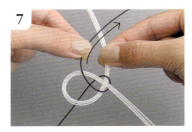
6を1段目とし、同じように左右差のある、縦連続あわび結び(逆手、p.24)を結び2段目を作る。

8

2段目ができたところ。

9

3段目を縦連続あわび結び(順手、p.24)で結ぶ。

材料・道具　はさみ／目打ち／平ヤットコ／ニッパー／裸ワイヤー／地巻きワイヤー（緑）#24／目玉クリップ／木工用接着剤／養生テープ／菊芯台紙0.7cm×4.0cm、1.5cm×4.0cm（菊用）

10
その後、縦連続あわび結びの逆手→順手を交互にくり返して計7段結ぶ。片方を引き締めているので自然と円になる。

11
3本のタレ同士を重ねるように、写真の位置に差し込む。

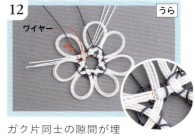

12
ガク片同士の隙間が埋まるように引き締め、おもてから見えないよう重ねた部分をワイヤーで留め、不要な水引をワイヤーのきわでカットする。

13
おもては、結びのきわでカットする。

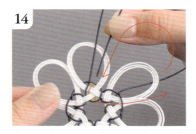

14
右から出ている1本のタレを、写真のように差し込む。

15
差し込んだところ。不要な水引はカットする。

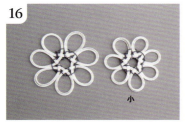

16
同様に「ガク片①②」用の水引で1～15を少し小さく結び、大小のガク片を作る。

17
2つのガク片の重なりをずらして木工用接着剤で接着する。

花芯を作る

18
「花芯①」用の水引1本で6枚花びらの花結び(p.27)を結んで花びらを立体的に立ち上がらせ、タレはカットせずに残しておく。

19

「花芯①」用の水引で2本取のかごめ結び十角 (p.56) 4〜13を結び、タレはカットしておく。

◆ 菊芯技法 (円)

20

菊芯技法 (扇、p.46) と同様に、「花芯②」用の水引の先端付近にワイヤーを巻き留め、0.7cmの菊芯台紙に当て、ワイヤーを挟みながら水引を15巻きする。

21

台紙を引き抜いて、円になるように広げ、タレを折る。

22

平ヤットコで片方のワイヤーを一周回して、もう片方のワイヤーとねじり留める。

23

ワイヤー同士をねじり合わせたところ。

24

きれいな円になるように平ヤットコで広げる。

葉を作る

25

「葉」用の水引で桜 (p.34) の花びらの1〜6を結ぶ。中央は少し隙間をあけて桜よりふんわりさせておく。

26

平ヤットコで先端をとがらせたり、つまんだり、反り返らせたりして自由に細工する。

27

写真の位置でワイヤー留めし、ワイヤーのきわでタレはカットする。

茎を作る

28

「茎」用の水引を半分に折り、折った方で一つ結び (p.21) をする。

29

水引の間に地巻きワイヤー (緑) #24を挟み、水引バンド (p.30) の要領で木工用接着剤で接着する。

組み立てる

30

茎に花芯 (花結び) →菊芯を順に差し込み、3つのタレとワイヤーを根元でまとめ、ワイヤー留めする。

31

ワイヤー留めしたところ。ワイヤーのきわで茎を一緒に切らないように気をつけながら、不要な水引とワイヤーをカットする。

32

31に、花芯（かごめ結び）→ガク片→葉の順に通し、ずれないよう目玉クリップで支える。

33

モチーフとモチーフが重なり、接しているすべての面に木工用接着剤をつけて接着する。

34

横から見たところ。接着剤が乾けば完成。

change 菊 — p.15

1

「花びら①」用の水引で1.5cm幅の台紙に24巻き、「花びら②」用の水引で0.7cm幅の台紙に22巻きした菊芯、「花芯」用の水引で玉結び(p.28)を作る。

2

大きい花びらの上に小さい花びらを木工用接着剤で接着し、最後に花芯の玉結びを接着すれば完成。

point

縦連続の抱きあわび結びの花びらは、枚数を増やしたり段数を増やしたりすることができます。花芯の花結び、菊芯なども自由に枚数や巻き数を変えることができるので、お好きなアレンジ、色で何度も作ってみてください。

千両 → p.9, 13

〈おすすめアレンジ…箸飾り、ブーケ、挿花〉

使う水引　実：花水引(柘榴)　　　　　　　　45cm × 6本
　　　　　葉：花水引(鶯)　　　　　　　　　22.5cm × 16本
　　　　　ガク・茎：花水引(鶯)　　　　　　60cm × 1本
　Change　ヤドリギ
　　　　　実：プラチナ水引(ピュアホワイト)　45cm × 2本
　　　　　葉：花水引(青磁色)　　　　　　　22.5cm × 6本

材料・道具　はさみ／目打ち／平ヤットコ／ニッパー／金ワイヤー／地巻きワイヤー(緑)#24 #28／木工用接着剤／養生テープ

葉を作る

1　「葉」用の水引4本で葉細工(p.52)18〜22を大2つ、小2つ結び、それぞれ地巻きワイヤー(緑)#28で留める。

2　地巻きワイヤー(緑)#24の先端を平ヤットコで巻く。

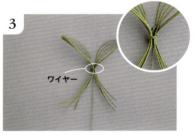

3　2のワイヤーを葉小2つの間に挟み、地巻きワイヤー(緑)#28でまとめて留める。

4　写真の左側のタレのように、ワイヤーのきわですべてのタレを斜めにカットする。

5　4を葉大2つで包むように挟んでワイヤーで留める。

6　留めたところ。4と同様に葉大のタレをカットする。

ガクと茎を作る

7　「ガク・茎」用の水引で、桔梗(p.53)17〜20と同様にガクを作る。

8　7のガク・茎の中央に6を差し込み、茎は水引バンド(p.30)の要領で接着する。

実を作って組み立てる

9　「実」用の水引で玉結び(p.28)を6個作る。

10 葉の谷になっている部分に玉結びを1つずつ木工用接着剤で接着していく。

11 乾いたら完成。

Change ヤドリギ

1 「葉」用の水引3本の中央を金ワイヤーで留めて折り、金ワイヤーでまとめ留めた葉のパーツを2つ作る。「実」用の水引で玉結び (p.28) を2つ作る。

2 2つの葉を金ワイヤーで留める。

3 葉を開き、玉結びを1つずつ木工用接着剤で接着すれば完成。

point
ヤドリギのように、葉の緑色の違いでまったく違う植物になります。萌える若葉から瑞々しい青葉、紅葉していく狭間のこっくりした緑、朽ちてゆく茶色……。季節に合わせて、葉の水引の色を自由に選んでみてください。

椿 — p.8, 15

〈 おすすめアレンジ…髪飾り、ブローチ 〉

使う水引		
花びら：	花水引(柘榴)	30cm×30本
花芯①：	プラチナ水引[極細](パール)	5cm×約50本
花芯②：	プラチナ水引(パール)	45cm×1本
ガク：	花水引(鶯)	60cm×4本
葉：	花水引(鶯)	15cm×4本

材料・道具　はさみ／目打ち／平ヤットコ／ニッパー／裸ワイヤー／地巻きワイヤー(白)#28／木工用接着剤／養生テープ／両面テープ／金の油性ペン

花びらを作る

1
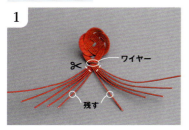
「花びら」用の水引で、少し立体的な5本取のあわび結び(p.22)を結ぶ。タレをワイヤー留めし、左右内側の1本ずつだけ残してカットする。

2

1と同じものを計6個作る。

花芯を作る

3

「花芯②」用の水引で、玉結び(p.28)を結ぶ。

4

「花芯①」用の水引を50〜54本ほど準備する。※90cmの水引3本をすべて5cmにカットすると54本。

5

水引バンド(p.30)の要領で養生テープに並べて貼りつけ、下1/3ぐらいに木工用接着剤を塗る。

6

金の油性ペンで花芯の先端を塗る。

7

先端に平ヤットコを当てながら写真のように一方向へ曲げる。

8

接着剤が乾いたら、養生テープからはがし、好きな長さ(4〜4.5cm前後)に切りそろえる。

9

花芯の下部に両面テープを貼る。

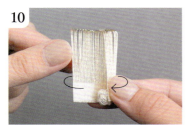

10

両面テープの剥離紙をはがして、下から3の玉結びが1/3程度見える位置に置き、玉結びに巻きつけるように花芯を貼りつける。

11

貼りつけたところ。花芯の完成。

ガクを作る

12

「ガク」用の水引で、4本取の亀結び(p.38)1〜8を立体的に結ぶ。

13

引き締めながら指で押し、お椀型にする。

14

お椀型になったところ。結びのきわでタレをカットする。

葉を作る

15

「葉」用の水引4本を用いて、葉細工(p.52)18〜21の作り方で葉を1枚作り、タレを斜めにカットする。

組み立てる

16

花芯を2つの花びらで挟み込み、地巻きワイヤー(白)#28で留める。

17

続いて2つの花びらで挟み込み、地巻きワイヤー(白)#28で留める。

18

最後の2枚も同様に地巻きワイヤー(白)#28でまとめ留める。花びらを挟む向きは好みで変えてOK。花芯の底で不要なタレをカットする。

19

花芯の底の玉結び部分に木工用接着剤をつけ、14のガクの中央に接着する。

20

ガクの結びの隙間に15の葉を差し込み、木工用接着剤で固定する。

point

椿らしい花芯がしっかり見えるように、16〜18で花びらの高さを調整してください。花びらを紅白で作ったり、向きを外側へ反るようにしたり等アレンジすると、さまざまな表情の椿を作ることができます。

77

梅 → p.9,10

〈おすすめアレンジ
　…祝儀袋、インテリアフレーム〉

使う水引		
花びら大：花水引（蘇芳）		45cm×5本×2個
花びら小：花水引（蘇芳）		30cm×3本×4個
花芯：プラチナ水引[極細]（ピュアホワイト）		3cm×16本×2個
ガク：花水引（海松茶）		30cm×1本×2個
つぼみ：花水引（蘇芳）		45cm×1本
芯：プラチナ水引[極細]（ピュアホワイト）		20cm×1本
枝：花水引（百塩茶）		90cm×1本

材料・道具　はさみ／目打ち／平ヤットコ／ニッパー／裸ワイヤー／地巻きワイヤー（茶）#22／フローラルテープ（茶）／金の油性ペン

花大を作る

1

「花びら大」用の水引で5本取梅結び（p.25）を2つ、「花びら小」用の水引で3本取梅結びを2つ結ぶ。3本取は花びらを少し立ち上げておく。

2

3本取の梅結びのタレを5本取の梅結びの中央に差し込み、さらに「花芯」用の水引16本も中央に差し込む。

3

2をワイヤーで留め、5本取の梅結びのタレ2本を残し、残りのタレと花芯は写真の位置でカットする。

4

「ガク」用の水引で桔梗（p.53）17〜20と同様にガクを作る。

5

3で残しておいたタレをガクのタレが出ている位置に差し込む。

6

2〜5をもう1つ作る。

花小を作る

7
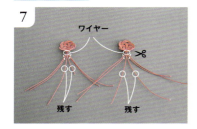

「花びら小」用の水引で3本取の梅結び（p.25）を2つ結ぶ。タレは左右とも内側の1本を残し、残りのタレはワイヤーのきわでカットする。

つぼみを作る

8

「つぼみ」用の水引で玉結び（p.28）を1つ作る。

9
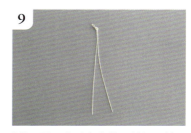

「芯」用の水引を半分に折り、折ったところに一つ結び（p.21）をする。

組み立てる

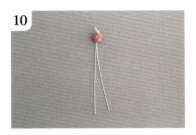
10
9を玉結びに差し込む。

11
地巻きワイヤー(茶)#22を2本用意し、枝を作るように下から約10cmのところで写真の形に曲げる。

12
まず、左側の枝に花小1つ、花大1つを沿わせながら、ワイヤーの折り目部分までフローラルテープ(茶)を巻いていく。

13
右側の枝につぼみ、花小1つを沿わせながら、ワイヤーの折り目部分までフローラルテープ(茶)を巻いていく。

14
左右の枝を合わせて花大1つを加え、ワイヤーの長さにそろえて長いタレをカットする。フローラルテープを下まで巻きつける。

15
すべて巻きつけたところ。

16
「枝」用の水引で枝巻技法 (p.59) 10～17で、写真の部分に隙間なく水引を巻く。

17
花を好きな向きに調整し、花芯を好みの長さにカットする。

18
花芯の先端を金の油性ペンで塗る。

19
花芯の先端を平ヤットコで少し内側に曲げると、より梅らしくなる。

column
梅・桃・桜の違いを知って結ぶ

梅は花びらが丸く、枝に直接花がつきます。桃は花びらの先がとがり、短いながらも花に緑の軸がつき、桜は花びらの先端が割れ、枝から出る軸も桃より長くなっています。

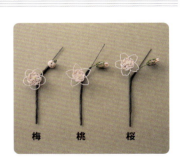

79

アイテムにアレンジ

挿花としてフラワーベースにそのまま飾れるのが花の水引細工の魅力ですが、
ひと手間加えてアレンジするのもおすすめ。
ここでは10～15ページで紹介したモチーフでの作り方を紹介していますが、ぜひ好きな花で作ってください。

祝儀袋・ぽち袋
→ p.10

道具　はさみ／木工用接着剤／養生テープ／両面テープ／金の油性ペン／カッター／カッターマット／定規

祝儀袋	使うモチーフ	梅(p.78)	1点
	水引	帯：プラチナ水引（パール）	30cm×3本
	材料	外包み：27.2cm×39.3cm（四六判の八つ切り）の紙×1枚	
		のし①：3cm×3cmの紙×1枚	
		のし②：0.2cm×8cmの紙×1枚	
		帯をつなぐ紙：1.5cm×2cmの紙×1枚	
ぽち袋	使うモチーフ	桜(p.34)：花・つぼみ	各1点
		笹(p.58)：葉	3枚
		イチョウ(p.66)	1点
	水引	帯①：花水引（鶯）	30cm×1本
		帯②：純銀水引（極）	30cm×1本
		帯③：花水引（百塩茶）	90cm×1本
		のし①：プラチナ水引（ホワイト）	3cm×3本
		のし②：絹巻水引（白）	10cm×1本
	材料	外包み：20cm×22cmの紙	3枚
		におい：1cm×10cmの紙	3枚

外包みを折る（たとう折り）

········· 谷折り　　→ おもてに折る　　── 折りすじ

1 「外包み」用の紙をうらを上にして置き、目打ちやカッターの背を使って図のような折りすじをつける。

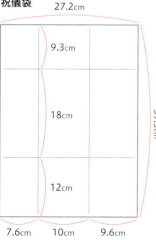

祝儀袋　27.2cm / 9.3cm / 18cm / 12cm / 7.6cm　10cm　9.6cm / 39.3cm

ぽち袋　20cm / 5.5cm / 10cm / 6.5cm / 5.2cm　8cm　6.8cm / 22cm

2 真ん中に入るお札の位置を挟んで左から順に折る。

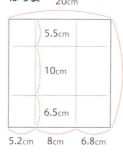

3 紙をうら返し、上から順に折る。不祝儀袋の場合は、②→①の順に折るので注意。

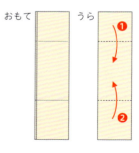
おもて　うら

完成。祝儀袋は中袋を用意してお札を入れる。

のしを作る

・・・・・・ 山折り　　うしろに折る　　折り戻す

1 「のし①」用の紙を、うらを上にして置き、左側を図の位置で折る。

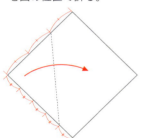

2 中心に合わせて折り返す。

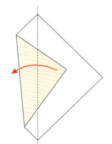

3 ★と★が重なるように右側を折る。

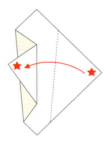

4 上の1枚を、左側の端に合わせて折りすじをつけてから、3の状態まで開く。

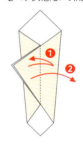

5 右端を図の位置で山折りしてから、全体を3の折りすじで折る。

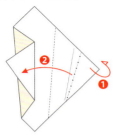

6 上の1枚を折らないようにして、4の折りすじで中に折りこむ。「のし②」用の紙を差し込み、貼り付けて完成。

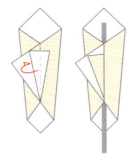

point
紹介しているのしの作り方は一例です。のし①の折り返し幅は、のし②の大きさや素材によってアレンジしてください。

組み合わせる〈祝儀袋〉

1 写真のモチーフと材料を用意する。帯は、「帯」用の水引で水引バンド(p.30)を作る。

2 帯を梅の枝の中央に通し、包みの中央に位置を合わせる。

3 枝分かれの部分に帯を置き、梅の花びらのうら側で隠れるようにする。

4 帯をうらに折り曲げ、右からの帯を上に重ねる。

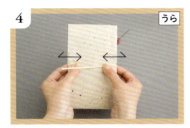

5 帯を中央で重ね合わせてワイヤー留めし、両面テープを貼った紙を巻きつける。紙からはみ出た重なっている帯はカットする。

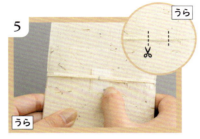

6 おもて面に木工用接着剤でのしをつけて完成。

81

組み合わせる〈ぽち袋・桜〉

1

写真のモチーフと材料を用意する。のしは「のし①」用の水引で水引バンド(p.30)を作り、先端を金の油性ペンで塗っておく。

2

たとう折り(p.80)で作った外包みに、におい用紙を挟む。

3

「帯①」用の水引で、桜とつぼみを一つ結び(p.21)でまとめ、包みの中央にくるように位置を合わせる。

4

うらに折り曲げて中央で真結び(p.21)し、余分な水引をカットする。

5

おもて面に木工用接着剤でのしをつけて完成。

組み合わせる〈ぽち袋・笹〉

1

「のし②」用の水引で一つ結び(p.21)を結び、結び目にタレを通してのしを作る。2本のタレは好みの長さにカットし、水引バンド(p.30)の要領で接着しておく。

2

写真のモチーフと材料を用意する。笹のモチーフは3枚の葉をワイヤー留めしたものを使用する。

3
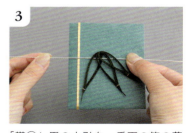
「帯②」用の水引を一番下の笹の葉に通して位置を合わせ、桜と同様にうらで真結び(p.21)し、余分な水引をカット。おもて面にのしをつける。

組み合わせる〈ぽち袋・イチョウ〉

1

写真のモチーフと材料を用意する。

2

「帯③」用の水引を、包みの中央の位置で2〜3重に巻く。

3

おもてで真結び(p.21)して余分な水引をカットし、イチョウのモチーフを差し込む。

ラッピング →p.11

使うモチーフ　ラナンキュラス(p.40)：つぼみ ……………………………………… 1点
　　　　　　　カモミール(p.43) ………………………………………………………… 1点
水引　　帯：プラチナ水引［極細］（パール） ……………………………… 90cm×1本
材料・道具　贈りもの／はさみ

組み合わせる

1

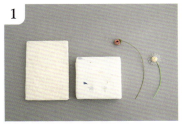

写真のモチーフと材料を用意する。贈りものはキャラメル包みにしておく。

〈ラナンキュラス〉

2

「帯」用の水引で包みの中央の位置でかたわな結び(p.61)し、ラナンキュラスのつぼみを差し込む。

〈カモミール〉

2

キャラメル包みの紙の重なりの部分をおもて側にして、写真のようにカモミールを差し込む。

ブーケ →p.12

使うモチーフ　好きな花 ……………………………………………………………… 数点
　　　　　　　好きな葉 ……………………………………………………………… 数点
材料・道具　リボン／はさみ／平ヤットコ／ニッパー／地巻きワイヤー（緑）#24／フローラルテープ（緑）

組み合わせる

1

ブーケに使いたい葉のモチーフを用意し、地巻きワイヤー（緑）#24を写真のように引っかける。

2

ワイヤーの根元をねじり留める。ワイヤーはそのままにしておき、好きな花といっしょに束ねて好みの長さでカットする。

3

フローラルテープ（緑）を巻いていく。束ねにくい場合は先に茎をワイヤーで留めておく。好みのリボンを巻いて完成。

カード →p.12

使うモチーフ	紫陽花(p.50)：花	数点
水引	輪：花水引(鶯)	22.5cm×1本
材料・道具	カード／はさみ／目打ち／平ヤットコ／ニッパー／裸ワイヤー／木工用接着剤	

組み合わせる

1 紫陽花のモチーフを作り、結びのきわでタレをカットする。「輪」用の水引を丸くしてワイヤーで留め、タレはワイヤーのきわでカットする。

2 写真の材料を用意する。紫陽花の花の数はお好みでOK。

3 まず木工用接着剤で輪を貼り、ワイヤーが隠れるようにしながら好きな位置に紫陽花のモチーフを貼っていく。

箸飾り →p.13

使うモチーフ	金木犀(p.60)：花	3点
	千両(p.74)：実・葉	各2点
水引	束ねるリボン：花水引[極細](ゴールド)	15cm×1本
	帯：プラチナ水引[極細](パール)	30cm×2本
材料	箸包み：18.2cm×25.7cm(B5)の紙	2枚
道具	はさみ／目打ち／平ヤットコ／ニッパー／裸ワイヤー／定規	

箸包みの折り方

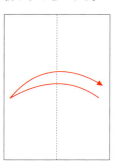
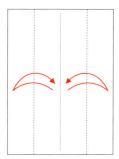
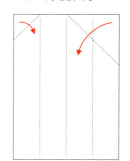
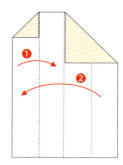

1 「箸包み」用の紙をうらを上にして置き、中心に折りすじをつける。

2 中心で合うように折りすじをつける。

3 図のように折りすじに合わせて角を折る。

4 左は中心に合うように折り、右は中心で折る。

5 図の位置でうらに折り返す。

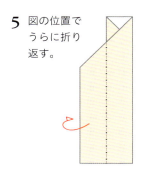

6 上から19cmの位置でうら側に折り返して完成。

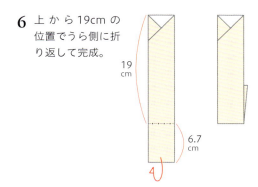

組み合わせる〈千両〉

1

写真のモチーフを用意する。

2

「帯」用の水引1本を玉結びの穴に通す。

3

ヤドリギ(p.75)1〜2の要領でワイヤー留めした葉細工を箸包みの上に置き、2を写真のように重ねる。

4

帯をうらに折り曲げて中央で真結び(p.21)し、余分な水引をカットする。

組み合わせる〈金木犀〉

1

金木犀の花を3つ用意し、「束ねるリボン」用の水引でかたわな結び(p.61)でまとめる。

2

箸包みに1を置き、「帯」用の水引1本をかたわな結びの少し上の位置に重ねる。

3

帯をうらに折り曲げて中央で真結び(p.21)し、余分な水引をカットする。

カーテンタッセル →p.14

使うモチーフ　ドングリ(p.65) ……………………………………………………… 1点
　　　　　　　玉結び(p.28) ……………………………………………………… 数点
水引　　　　　タッセル：京水引(石竹色) ……………………………………… 90cm×1本
道具　　　　　はさみ

組み合わせる

1 写真のモチーフを用意する。玉結びはお好みの色、数でOK。

2 「タッセル」用の水引に**1**のモチーフを通す。

3 カーテンをタッセルで束ねて、うしろで真結び(p.21)をする。

ブローチ →p.15

使うモチーフ　向日葵(p.56) ……………………………………………………… 1点
材料・道具　　ブローチ金具／多用途接着剤

point
カモミール、アネモネ、菊など、うら側が平らになっている結びはブローチにアレンジ可能です。ミモザ、木蓮、紫陽花など、茎や枝の部分に太めのワイヤーを使いフローラルテープを巻いたものは、帽子に直接差したり、そのままコサージュにすることもできます。

組み合わせる

1 向日葵のモチーフとブローチ金具を用意する。

2 ブローチ金具に多用途接着剤をつけ、向日葵のモチーフのうら側に接着する。

髪飾り →p.15

使うモチーフ　椿(p.76) ······················ 1点

材料・道具　Uピン／多用途接着剤

組み合わせる

1 椿のモチーフとUピンを用意する。

2 ガクの間にUピンを通す。

3 ガクとUピンの間に多用途接着剤をつけて接着する。

帯留め →p.15

使うモチーフ　菊(p.73) ······················ 1点

材料・道具　帯留金具／多用途接着剤

組み合わせる

1 菊のモチーフと帯留金具を用意する。

2 帯留金具に多用途接着剤をつけ、菊モチーフのうら側に接着する。

point
帯留金具にはゴールド、アンティークカラーもあります。帯締めを通すパイプのサイズや金具の形にも種類があるので、帯締めの太さに合わせて金具を選んでください。

田中杏奈 | 水引作家／講師

兵庫県淡路島生まれ。水引手仕事のライフスタイルブランド「hare」、水引結び教室「晴れ」主宰。プロダクトデザイン、広告・雑誌のアートワークなど幅広く活動を行う。『衣食住を彩る水引レシピ』（グラフィック社）ほか著書多数。

[HP・水引結び教室（対面）]

[Instagram]

〖 STAFF 〗

装丁・デザイン	村田沙奈（株式会社ワード）
撮 影	花田 梢
スタイリング	梅林なつみ、西野真理子（株式会社ワード）
企画・編集	有川日可里（株式会社ワード）
協 力	原田祥子
	政年千香（オフィス・スエルテ）

〖 撮影協力 〗　田中杏奈

掲載している作品は、本書を購入いただいたみなさまに
個人で作って楽しんでいただくためのものです。
オリジナルデザインの作品を作者に無断で展示や販売をすることは
著作権法で禁じられていますのでご遠慮ください。

飾る・贈る・装う　花を結ぶ水引細工

令和6年11月8日　初版発行

著 者	田中杏奈
発行者	伊住公一朗
発行所	株式会社 淡交社
	本社　〒603-8588 京都市北区堀川通鞍馬口上ル
	営業 075-432-5156　編集 075-432-5161
	支社　〒162-0061 東京都新宿区市谷柳町39-1
	営業 03-5269-7941　編集 03-5269-1691
	www.tankosha.co.jp
印刷・製本	TOPPAN クロレ株式会社

©2024 Anna Tanaka Printed in Japan
ISBN978-4-473-04644-4

定価はカバーに表示してあります。
落丁・乱丁本がございましたら、小社書籍営業部宛にお送りください。送料小社負担にてお取り替えいたします。
本書のスキャン、デジタル化等の無断複写は、著作権法上での例外を除き禁じられています。また、本書を代行業者等の第三者に依頼してスキャンやデジタル化することは、いかなる場合も著作権法違反となります。